# Notre Beau Niger

## DU MÊME AUTEUR

---

### TOMBOUCTOU LA MYSTÉRIEUSE

*Ouvrage couronné par l'Académie Française. — 12e mille.*

### LA VIE AU CONTINENT NOIR

Scènes de la vie d'exportation : Guinée française et Haut-Niger.
*5e édition.*

**Pour paraître prochainement :**

### L'ÉNIGME DU SAHARA

Récit de la traversée du Sahara, récemment accomplie par
M. Félix Dubois.

---

FÉLIX DUBOIS



# Notre Beau Niger

*Illustré de photogravures et accompagné de cartes*

PARIS
E. FLAMMARION
26, RUE RACINE, 26

1911

# Quinze Années
de
# Colonisation Française

# I

Je pénètre cette fois au Soudan par une porte qui n'est point coutumière, et ne sera guère usitée qu'au temps des automobiles aériennes. Le chemin habituel, par moi maintes fois suivi, est la voie de l'Ouest, à travers l'Atlantique d'abord, nos colonies de l'Afrique occidentale ensuite : Sénégal, Guinée, Côte d'Ivoire ou Dahomey, au choix.

Maintenant, c'est la route du Nord, partant d'Algérie à travers le Désert, la voie très antique par où la civilisation pénétra jadis au pays des Noirs, qui me conduit dans la vallée du Niger.

Après une année de vie vagabonde à travers le vaste Sahara, après tout un été et un automne de flâneries chez les Touaregs, par un tiède après-midi de décembre, tandis que nous nous laissions dodeliner sur notre méhari, au fond de l'horizon immense, au bord lointain d'une plaine fauve pâle, mouchetée de végétations d'un vert éteint — sur ce fond neutre à souhait apparut, seule, une tache rose.

A la vue de ce point rose, sans plus, le Touareg mon guide, dévoilé dans l'intimité de la vie de voyage, ramena sur ses traits les voiles accoutumés, rajusta coquettement ses vêtements flottants comme fait le nomade saharien lorsqu'il approche d'un campement, reprit les rênes de son méhari, assura sa lance, et, pointant celle-ci vers la tache rose, s'écria avec de joyeux éclairs dans les yeux : *Eguerriou! Eguerriou!* La Mer! La Mer!

La mer... c'est le seul nom sous lequel les Touaregs connaissent le Niger aux eaux vastes qui, invisible encore, coule là-bas au pied d'une colline rose.

Nous demandons à nos méharis, bien las de leurs nombreuses étapes, un dernier effort. Ils prennent le trot. Et bientôt, du haut de nos montures rapides, un tableau finement nuancé nous ravit.

Itinéraire du voyageur.

Le Niger à Gaô.

La colline rose grandit en une croupe longue, et, à l'approche, son délicieux coloris ne s'évanouit point : nul artifice, nulle tromperie du soleil déclinant, ne l'a parée ainsi. La nature africaine si violente, si heurtée à l'ordinaire a enfanté là un chef-d'œuvre de charme tendre.

Au pied d'une longue et svelte dune de sables roses ondule, long et fin, un ruban de bleu joli, très léger, et parallèlement un autre ruban encore ondule, fin et long aussi, mais de vert très tendre, que frangent des têtes élancées de palmiers et de grands arbres en coupoles vert sombre.

La plaine fauve clair encadre d'une tonalité parfaite cette palette délicate, tandis qu'au-dessus, dans un azur pâle, de grands et longs vols d'oiseaux planent, en file, lentement, et semblent de joyeuses bannières se balançant sur la brise.

C'est en cette parure de fête, en cet inattendu coloris à la Watteau, que m'apparut le Niger, à Gaô.

Je connais le bon géant de l'Occident africain depuis le pays de ses sources jusqu'à Say — sur un parcours de quelque deux mille kilomètres. Nulle part ailleurs je ne le sais aussi complet : aussi grandiose, aussi imposant dans la simplicité de ses lignes, en même temps qu'aussi séduisant, et prompt à exprimer son opulence.

Car ce ruban vert tendre, parallèle au ruban bleu doux de ses eaux, n'est autre qu'une longue suite de rizières, à perte de vue, se prolongeant des centaines de kilomètres tant en amont qu'en aval de Gaô. Dans la plaine fauve aux verdures basses, des troupeaux de chèvres, de moutons et de bœufs, des bandes de chevaux, de chameaux, d'ânes vaguent à l'envi, ayant refoulé au loin éléphants, girafes et autruches. Cultures et pâturages, les deux richesses de la vallée du Niger, se lisent aussitôt, même par les plus aveugles.

A Gaô, me voici aux confins du Soudan français. Pour rentrer en Europe, il me faut traverser toute la colonie, remonter le Niger par Tombouctou, Mopti, Dienné et Ségou jusqu'à Bammakou : je vais revivre le voyage que je fis pour la première fois il y a quelque quinze ans.

Il y a quinze ans... Qu'est devenue en nos mains, cette vallée du Niger qui tant me séduisit jadis?

Je sais à n'en pas douter que nous avons instauré la paix et la sécurité en ces régions, dont les chasseurs d'esclaves s'étaient fait une réserve. Mais sont-ils venus, nos commerçants? Ont-ils réussi? A notre contact, les indigènes évoluent-ils? Peut-on entrevoir une récompense aux sacrifices consentis par la mère patrie?

Ou bien s'est-il vérifié cet aphorisme de découragement que, les uns aux autres, nous nous répétons avec complaisance : « Le Français n'est pas colonisateur? »

Il y a quinze ans, après avoir parcouru un des premiers le Soudan, et surtout après l'avoir regardé, le premier, d'un œil tranquille, j'ai eu l'audace de prédire à ces régions nigériennes un grand avenir.

Est-ce la tristesse de mes erreurs qui sera ma compagne de route, aujourd'hui?

Est-ce la joie d'assister à l'aurore d'une belle colonie française?

## II

Je viens de me décerner, rétrospectivement, un brevet d'audace. Expliquons-nous.

Les notions générales qui, entre 1885 et 1895, durant la phase de conquête, avaient cours en France sur nos possessions de l'Afrique occidentale, étaient singulières. Elles ouvraient sur leur avenir des perspectives déconcertantes.

Il apparaissait que les nouvelles régions africaines convoitées par nous, n'avaient d'autre attrait que d'être, en ce bas monde, une des parties les plus raffinées de l'enfer. Imagine-t-on que j'exagère? Ma bibliothèque a collectionné brochures et volumes de cette époque sur le Soudan. Leur lecture fait dresser les cheveux! Et ces œuvres ne sont pas, en général, des racontars anonymes, des récits de quelconques. Il s'agit de documents d'autorité, signés de gens qui non seulement avaient, là-bas, vu et vécu ce dont ils parlaient, mais qui comptaient entre ceux dont on dit familièrement qu'ils sont « aux premières loges ». Presque tous avaient occupé en Afrique des fonctions officielles, et non des moindres!

Dans le nombre, je ne retiendrai que deux ouvrages auxquels la personnalité de leurs auteurs ne pouvait manquer de donner grand crédit auprès de l'opinion publique. D'abord : *Campagne dans le Haut-Sénégal et le Haut-Niger 1885-1886*. Si quelqu'un avait autorité pour parler de l'Afrique occidentale, c'était en vérité le père de ce gros volume, le colonel Frey (aujourd'hui général) qui, après des séjours répétés au Sénégal, avait poussé notre conquête jusqu'aux rives du Niger et gouverné la nouvelle colonie deux ans durant.

Le second livre, qui porte la date de 1887, s'intitule : *Deux ans entre Sénégal et Niger*. Il est signé : Louis Lota, docteur en médecine de la Faculté de Paris. L'auteur était également médecin de deuxième classe de la marine : en cette qualité il avait dirigé les services sanitaires du Soudan.

Et voici l'idée que l'on pouvait se faire de notre nouvelle colonie, d'après ces deux documents :

Du colonel Frey : « Si l'on interroge 500 des officiers qui ont pris part à une campagne dans le Haut-

Sénégal, 450 au moins affirmeront que ce qu'ils connaissent du Soudan occidental les porte à déclarer que c'est un pays sans ressources comme aussi, de longtemps, sans avenir d'aucune sorte... Un officier qui a fait une partie de son avancement dans le Haut-Sénégal, et qui par cela même est peu porté à en médire, a bien donné la note exacte de ce peu de fertilité du sol en déclarant que *chaque radis* que mangent nos soldats dans le Haut-Sénégal ne revient pas à moins d'un franc! »

De son côté le docteur Louis Lota expose : « Quelques céréales sans valeur, insuffisantes à nourrir l'Européen, un peu d'or, du fer, peu de bestiaux, voilà ce que produit le Soudan français à l'heure actuelle ».

Le colon éventuel ayant été stylé de la sorte, voyons ce que le commerçant pouvait espérer.

Du colonel Frey : « Un officier qui a exercé pendant plusieurs années le commandement de Kayes, interrogé sur la nature et sur l'importance du commerce du Haut-Sénégal, en a fait le tableau suivant : « Il ne « faut point se le dissimuler : en dehors des échanges « nécessités par la fourniture à nos colonnes des « vivres et des animaux, le seul commerce lucratif « qui existe dans les contrées situées entre Sénégal « et Niger est celui des esclaves et des munitions « de guerre. »

Qu'y a-t-il lieu d'attendre de la population indigène? A l'engager sur la voie du progrès, promet-elle de nous récompenser?

Le colonel Frey note sèchement : « Le caractère indigène est réfractaire en général au progrès ». L'homme de science qu'est le docteur Lota est plus abondant dans sa psychologie : « Le fond de leur caractère est la paresse et le brigandage... Coureurs infatigables, intrépides devant le danger... Mais ont-ils les goûts et les aptitudes nécessaires pour améliorer leurs produits indigènes, augmenter le rendement de leurs terres, en un mot offrir au commerce français un champ productif et exploitable? Nous ne le croyons pas. »

Enfin, pour être complètement informés, il nous reste à entendre nos auteurs traiter la question du climat.

Du colonel Frey : « La nature du climat, sur le plus grand nombre de points, est mortel pour l'Européen, et malsain même pour l'indigène ». Sur ce même sujet, ainsi qu'il convient à un médecin, M. L. Lota se montre particulièrement brillant. Il ne se contente pas de constater que « le Soudan français est le pays le plus malsain du monde ». Sa pensée se coule en une forte et pittoresque image : « Il est à craindre que notre colonie ne demeure ce qu'elle est : *une ligne de forts dans une vaste nécropole.* »

On conviendra que, montré sous un tel jour, le pays ait pu apparaître un enfer, plutôt qu'une colonie à convoiter. C'était le sentiment de l'opinion publique. Du Parlement aussi. Il y eut à la Chambre, notamment en juin 1895, des séances typiques. L'un traitait les pays du Haut-Sénégal de « colonie désolée ». Un autre s'écriait : « Le Soudan ? — Il n'y a rien à attendre de ces tristes régions ». Un troisième demandait narquoisement, et triomphalement, au ministre des Colonies : « Avez-vous Opéra, magnifiques boulevards, à Tombouctou ? et quais sur les bords du Niger ? »

Pourtant, un très petit nombre d'intrépides tenaient tête à ce torrent de pessimisme. En vérité, pour les compter, point n'était besoin des dix doigts. D'abord un explorateur, l'Européen qui le premier avait pénétré au Soudan occidental. Il appartenait à une nation qui, de longue date, sait ce que vaut un pays au point de vue colonial : il était anglais. Il avait tracé des pays du Niger un plaisant tableau, et leur avait promis un avenir brillant. Seulement, voilà ! ce témoin autorisé était... mort ! Et depuis pas mal de lustres : je veux parler de Mungo-Parck. Ses récits survivaient. Mais qui donc s'avisait d'aller déterrer de vieux bouquins de l'an VIII ?

Ce mort, cependant, était le phare guidant les rares vivants qui luttaient et osaient espérer pour notre pays une acquisition précieuse. Ils se nommaient : Eugène Étienne, ministre des Colonies,

M. Haussmann et J. L. Deloncle, ses collaborateurs au ministère, et le colonel Archinard. Naturellement, on discréditait leur foi en insinuant qu'ils poursuivaient là-bas des intérêts personnels. De l'enthousiasme du colonel pour ces contrées, on disait : « Parbleu ! le Soudan lui constitue une chasse gardée d'où, chaque année, il rapporte un nouveau galon ou tel autre avantage ».

Parmi les rares optimistes de ces temps critiques, il me souvient encore d'un tout jeune homme qui m'avait été signalé comme un triple original. En premier lieu parce qu'il était le premier *civil* apparu au Soudan, le colonel Archinard l'ayant emmené en qualité de secrétaire particulier. Original encore, pour être revenu de la nécropole soudanaise nullement moribond, mais avec une gaieté, un entrain, une vitalité qui, — en l'état des opinions — frisaient le scandale. Original enfin, pour le débordant enthousiasme qu'il affichait à l'égard de ces contrées réprouvées. Ce tout jeune homme avait nom Merleaux-Ponty : le présent gouverneur général de l'Afrique occidentale n'est aucunement son homonyme...

Finalement, les cinq ou six défenseurs du Soudan eurent le dessous. Le Parlement rogna les crédits destinés à notre expansion. Le colonel Archinard se vit enlever le gouvernement de la colonie. On s'achemina vers la liquidation de cette opération désastreuse en nommant à sa place M. Grodet.

En cette disgrâce des choses, et en présence de deux opinions nettement contradictoires, *le Figaro* s'avisa qu'il serait peut-être opportun de se faire une opinion personnelle. Il résolut de consacrer au Soudan une enquête faite sur place, et voulut bien faire appel à mon concours. Je partis avec mission de pousser mon étude jusqu'à Tombouctou la Mystérieuse.

Au Soudan, j'entendis paraphraser copieusement les jugements pessimistes imprimés en France. Ici, là, et ailleurs, on me menait avec complaisance faire la mélancolique promenade du cimetière : impossible de ne pas constater que la population des morts européens était — ici, là et ailleurs — singulièrement plus nombreuse que celle des vivants. La colonie-nécropole n'était pas un mythe. Quand par-delà ce présent lugubre j'essayais d'entrevoir l'avenir, on me répétait à l'envi : Le seul argent que la France tirera jamais du Soudan, sera celui que nous y aurons apporté sous forme d'appointements de nos fonctionnaires ou de solde des troupes.

Des semaines et des mois de route s'écoulèrent. Je parcourus toute la vallée du Niger occidental, de Bammakou au seuil du Sahara, n'ayant pour compagnons de route, selon ma coutume, que des indigènes. L'observation directe, les causeries avec les habitants, et non plus avec les Européens, de longs séjours dans les grands centres, Segou, Dienné, Tombouctou;

des flâneries dans les petits villages où se surprennent mieux la vie et l'âme des indigènes; l'initiation à l'Histoire du pays, me familiarisèrent avec choses et gens, et m'assurèrent peu à peu des éléments de jugement personnel. Au retour, *le Figaro* consacra à mon enquête, en entier, un de ses suppléments littéraires. Il parut le 27 juillet 1895. En voici les affirmations principales :

« Il y a en Afrique un pays dont le sol est de proverbiale richesse. C'est l'Égypte : la crue annuelle du Nil a fait de ses rives et surtout de son delta une région de culture incomparable. La vallée du Niger ne le lui cède en rien. Le travail des hommes n'y a pas, comme en Égypte, complété depuis des milliers d'années l'œuvre naturelle du fleuve. Sans qu'il ait été construit les énormes barrages du Nil, ni creusé un seul canal, s'étend une contrée qui réunit les conditions les plus exceptionnellement favorables à la culture, résumées en l'abondance de ces deux fluides vitaux : l'eau et le soleil.

« Le Soudan est un pays d'admirable configuration physique, permettant les cultures tropicales les plus riches et les plus variées, comprenant de remarquables régions d'élevage, et des zones montagneuses dont le sous-sol n'a pas dit son dernier mot. »

Les deux autres questions primordiales : que vaut la population indigène? que vaut le climat? recevaient les réponses suivantes :

« Les populations du Niger n'ont rien de commun avec celles de la côte. C'est sur les côtes qu'on trouve ce que nous sommes convenus d'appeler le « sauvage ». Au Soudan, nous avons affaire à la population nègre la plus intelligente, la plus susceptible de développement, la plus accessible au progrès que jamais colonisateurs européens aient rencontrée en Afrique. Accoutumée au commerce, habituée à produire au delà de ses besoins, elle est donc très apte à participer à une transformation du pays.

« Celui-ci, d'autre part, est très propice à la vie rationnellement organisée des Européens : l'expérience nous permet de poser en principe que nos compatriotes, entourés simplement du confort qu'ils ont en France, se porteront tout aussi bien au Soudan qu'en France, dès qu'ils y mèneront une vie normale. »

Une seule réserve terminait l'enquête : « Mais tous les avantages de cette acquisition coloniale sont et resteront vains aussi longtemps qu'un chemin de fer ne lui aura pas créé des relations plus faciles avec la mère patrie. »

L'évocation de la terre d'Égypte à propos de la vallée du Niger, en amont de Tombouctou, est aujourd'hui classique, au sens littéral du mot : tous les manuels de géographie l'ont adoptée. Mais à l'époque, lorsqu'on connut la comparaison, ce fut un bel éclat de rire dans le camp des pessimistes et des Tartarins.

Néanmoins j'eus bientôt la satisfaction de constater que les éléments de mon étude avaient été différemment appréciés par ailleurs : le liquidateur Grodet fut rappelé.

Et depuis, la colonie avait connu des jours heureux, ayant compté en quinze ans deux gouverneurs seulement, appliqués l'un et l'autre à la comprendre, à l'aimer, et à hâter sa mise en valeur : le général de Trentinian et M. Merleaux-Ponty. Tous deux avaient travaillé sur un même plan esquissé par le premier et s'étaient appliqués entre autres, à l'achèvement de ce chemin de fer que j'avais réclamé comme la condition *sine quâ non* de la réussite.

La bonne fortune qui avait été si lente à sourire au Soudan, voulut encore que le gouvernement général de l'Afrique occidentale échappât enfin aux fonctionnaires d'envergure trop modeste qui s'y étaient succédé. Ce haut poste eut pour la première fois un titulaire digne de l'occuper. Je veux parler de M. Roume. L'étude de la situation lui avait montré, aussitôt, ses colonies piétinant sur place, impatientes, étouffant de ne pouvoir se développer. Il sut leur donner des ailes, les ailes d'or de grands emprunts, qui leur permirent de prendre enfin leur essor. Et c'est ainsi que put être terminé, il y a deux ans, le chemin de fer du Sénégal au Niger qui assurait enfin au Soudan des relations normales avec la mère patrie.

L'achèvement de ce chemin de fer est à peu près tout ce que je sais du Soudan nouveau, en y remettant le pied après quinze ans écoulés.

## III

Toute la tendresse que j'ai vouée antrefois à ce pays, pour lequel on se montrait injuste, se réveille. Il me paraît que le Niger a reconnu son vieil ami, qu'il s'est complu à lui faire fête en se montrant sous cette parure unique, tendre, rose, bleue, verte. Ces grands vols d'oiseaux qui se balancent en files longues au-dessus de ses eaux, me semblent un pavois de gala en l'honneur de mon retour.

Devant le fort de Gâo mon méhari s'est agenouillé pour me faire prendre terre.

Voici ma joie devenue intense à franchir la porte du fort au-dessus de laquelle le drapeau tricolore bruit gaiement dans la brise, à y retrouver des hommes de ma race après les hommes voilés du Sahara, à entendre de nouveau le parler des ancêtres. Et ne confesserai-je pas la gourmande émotion de mordre dans un morceau de pain, de ce pain dont j'ai désappris le goût depuis longtemps, comme celui des œufs aussi. Habitudes, traditions, ou souvenirs, c'est tout un monde retrouvé, et j'en ai de l'allégresse plein le cœur.

Il me paraît fort bien, ce poste de Gaô. Sa facture est nouvelle à mes yeux qui ont leurs points de comparaison dans le passé. Jadis pour s'installer, nos gens ne se préoccupaient que de choisir un point stratégique ; les considérations de salubrité et d'agrément n'intervenaient guère : la pensée du coup de feu à faire dominait le souci d'une vie normale. Des fortins s'élevaient ainsi, tout en créneaux et en meurtrières, étroits pour avoir moins d'espace à défendre (car on était peu nombreux) et, de par cette exiguïté, malsains et inconfortables : à les habiter on se sentait un peu le prisonnier, et non le maître, du pays.

De fondation récente, le poste de Gaô, lui, n'est point placé sur le dos de la ville indigène, pour la tenir sous ses feux. A quelque distance de celle-ci, une hauteur a été choisie au bord du fleuve, éventée, d'où l'œil plane agréablement sur toute la vallée du Niger. Il semble dire, ce poste : « Proche ou éloigné, qu'importe ! Je domine la ville comme je tiens le pays. »

Cette belle assurance se répète dans ses aménagements. L'intérieur est spacieux, aéré, ainsi qu'il

Le poste de Gaô.

convient en pays tropical. Ne s'y trouve installé que le personnel européen, officier, sous-officiers et employés civils, qui jouissent de logements vastes et agréables. Quant à la troupe, nos excellents tirailleurs soudanais ont leurs cantonnements à l'extérieur du fort. Une petite cité nullement close, aux cases rondes, proprettes et alignées comme à l'exercice, abrite nos auxiliaires noirs et leurs ménages. J'aime à y retrouver les jacasseries, la gaieté et la sociabilité de la race nègre qui, tout de même, forment un agréable contraste avec le silence, les réticences et la claustration de ce monde arabe que j'ai laissé au nord du Sahara.

En somme, on vit ici les portes ouvertes. Quelques

Pylône à tête d'éléphant.

notes d'agrément manifestent encore cette quiétude. Des portes du fort à la berge du Niger s'en va une curieuse allée de pylônes, dont les sommets sont coiffés de têtes d'éléphants tués à la chasse. L'effet de ces crânes énormes qui rutilent au grand soleil et tranchent, blancs, fantastiques, sur le gris de leurs socles de pisé, est vraiment original. Non loin s'élève un belvédère, lieu de réunion des Européens au crépuscule, puis leur salle à manger. Un train de maison confortable se révèle aux repas. Les services dont on use me remettent en mémoire les assiettes et les gobelets d'autrefois, en tôle émaillée ou en métal. Tout n'est ici que porcelaine et verrerie, et pourtant Gaô est au seuil du Sahara sans ressources, et à douze cents kilomètres de la gare la plus proche!

En souvenir de mes pèlerinages d'antan, je demande à visiter le cimetière européen. Il n'y repose aucun de ceux qui se succédèrent dans ce poste. Voilà qui m'est nouveau aussi. Cependant, pour le voyageur, des tombes constituent le principal intérêt de Gaô. Les abords de la ville actuelle, et dans un rayon de plusieurs kilomètres, vers le nord-est principalement, sont couverts de nécropoles. Là, dans la brousse, dorment des peuples très vieux. Ainsi le disent les multiples instruments en silex : haches, grattoirs, poignards, meules, dont leurs tombes sont recouvertes.

Case songhoï

Ces champs de morts au loin, c'est tout ce qui peut donner idée de la puissante capitale que Gaô fut jadis, au temps du vaste empire des Songhoïs célébré par les chroniques soudanaises. Dans la ville, on ne se doute de rien. Le palais de ses monarques a disparu. On dit que cette hauteur au bord du Niger, où s'élève le poste, est formée de ses ruines. Quant aux demeures rudimentaires de ses habitants — des nattes fixées sur une armature en bois — si elles présentent quelque intérêt, c'est uniquement par leur forme, totalement inconnue dans la vallée occidentale du Niger.

Cette forme s'applique avec une étonnante précision à certain passage de Salluste : « Les habitations des paysans numides ou, comme ils disent, leurs « huttes », rappellent par leur forme oblongue et leur toit cintré *la coque renversée d'un navire.* » Les origines de ce peuple songhoï, qui fit jadis très grande figure dans l'histoire du Soudan, demeurent fort obscures. Peut-être cet indice de leurs habitations n'est-il pas indifférent pour l'hypothèse qui les rattache aux races caucasiques.

Le seul vestige de la splendeur de Gaô est représenté par une tombe, dont la silhouette monumentale et étrange ne se retrouve nulle part ailleurs sur la vaste terre du Soudan. C'est une pyramide. Sous sa masse en pisé repose d'un sommeil quatre fois séculaire le plus glorieux des monarques songhoïs, Askia le Grand.

L'évocation pharaonique de ce monument ne reste

Gaô : le tombeau d'Askia le Grand.

point inexplicable pour qui connaît l'histoire de ce prince. Vers l'an 1497 il s'en alla à La Mecque, faire le pèlerinage. Son chemin passait par l'Égypte où il fut, au Caire, l'hôte du kalife Mottekewel. Rentré dans sa capitale, il y fit dresser son tombeau, de son vivant, comme les vieux pharaons de là-bas, et à l'image de leurs dernières demeures, dont les silhouettes uniques l'avaient impressionné à jamais, comme tous ceux qui défilent à leur pied depuis des millénaires.

## IV

J'ai quitté Gaô sur une pirogue postale. L'embarcation qui me porte a conservé, agrandies, les fluettes lignes des pirogues indigènes aux silhouettes de flèche, mais elles ne s'incurvent plus dans les bois durs et lourds du Soudan. Le progrès lui a façonné un corps en acier léger. Cet esquif passe partout, et en toute saison, aussi bien aux eaux hautes, quand le Niger mesure quinze mètres de fond, qu'aux eaux basses quand son cours ne se marque souvent que par des flaques d'eau. En pleine charge, avec ses sacs de lettres, ses ballots de journaux et ses colis postaux, la flèche d'acier file à raison de cent kilomètres par vingt-quatre heures, et en remontant le courant; à le descendre, elle atteint presque une vitesse double. Huit piroguiers et leur chef forment l'équipage. Nulle escorte.

De Gaô à Tombouctou on compte quelque 400 kilomètres. Sur ce parcours le Niger vient lécher le Désert : pourtant ses rives ne sont rien moins que l'image de la stérilité. Le fleuve y met, à vrai dire, une ingéniosité rare, par quoi le paysage est d'une structure fort particulière : des théories d'îles petites et allongées, des suites de petits bras, font cortège au cours principal ; les terres en bordure complètent ce système par des bas-fonds, des mares et des culs-de-sac aquatiques. C'est ici la réalisation de la parfaite région lacustre.

La bonne fortune me fait parcourir ce pays en la saison la plus propice pour goûter sa singularité — aux hautes eaux. Il faut attendre six mois après la saison des pluies torrentielles, il faut aussi un millier de kilomètres parcourus, pour que les énormes masses liquides, collectées par le fleuve dans le Sud lointain, atteignent les bords du Sahara avec toute leur amplitude. Ce phénomène s'accomplit précisément en cette fin de décembre où je voyage.

Bientôt le Niger va être étale. Déjà il est si plein, répandu sur une surface si vaste, que pour moi, récemment échappé aux plaines assoiffées du Désert, toute l'eau de l'Afrique septentrionale semble s'être réfugiée ici.

Et toute cette eau qui a envahi les îles, les berges,

les bas-fonds loin dans les terres, équivaut aux flots du Pactole. Véritablement elle roule de l'or, car elle transforme ces lisières du Sahara en un grenier d'abondance. C'est le grand pays du riz. En amont comme en aval de Gaô, la contrée ne forme qu'une vaste rizière de plusieurs centaines de kilomètres d'étendue. Et la plus merveilleuse des rizières, à dire d'experts. Il ne manque pas d' « Indo-Chinois » au Soudan, officiers et sous-officiers de notre armée coloniale qui ont tenu garnison au Tonkin. Tous opinent que le riz de Gaô vaut les belles qualités d'Asie. Mais sur quoi ils s'extasient véritablement, est la culture facile dont jouissent les indigènes du Niger. Les Noirs se contentent d'ensemencer à la volée et laissent ensuite, bien tranquillement, travailler la nature, laquelle accomplit les immersions indispensables au riz par la crue lente du fleuve. L'homme d'Extrême-Orient, au contraire, doit conquérir sa récolte par de pénibles repiquages et des travaux d'irrigation compliqués, de véritables pratiques d'horticulteur!

L'eau n'a pas envahi les terres seulement. L'atmosphère aussi en est saturée. Une énorme évaporation couvre toute la vallée et se manifeste en brouillards intenses, en nuages opaques et près du sol. Le soleil devrait apparaître à six heures et demie; il n'est guère visible avant huit heures. Un impénétrable écran le dérobe, lui, l'astre impérieux des tropiques!

Quand il se montre enfin, c'est — piteux — un pain à cacheter rubescent qui transperce. Il ne tarde pas d'ailleurs à redisparaître, et la fin du jour ne se devine qu'aux délicieuses nuées roses qui accompagnent les troupeaux graves et lents au vaste abreuvoir du fleuve.

La moisson a commencé. Les rives frémissent d'une jolie vie qui dit la liesse de cette terre, et à laquelle je participe en cheminant.

Au-dessus et dans les rizières, d'innombrables oiseaux et des espèces les plus variées, depuis les très hauts échassiers jusqu'à cette poussière de volatiles que sont les oiseaux-mouches, battent des ailes, explosent en envolées subites, jacassent, piaillent, trompettent : on se croirait dans la plus folle des volières. C'est que pélicans, canards sauvages, ibis, aigrettes, sarcelles, bécasses, vautours et aigles-pêcheurs, font bombance en ce moment, se gavant, qui du grain mûr, qui d'insectes, qui de poissons : tout leur est à discrétion en cette saison bénie. C'est leur bonheur, sans doute, qu'ils crient ainsi à tue-tête, lançant comme un hymne pantagruélique au Niger, dispensateur de ces ripailles.

L'homme, de son côté, circule affairé. En ces temps le cultivateur sédentaire se fait nomade. Avec toute sa famille il va camper de-ci, de-là, où il sera le plus proche de ses moissons, pour y travailler et aussi pour veiller sur elles, vieille habitude d'avant notre conquête, quand les malandrins touaregs ou maures venaient récolter ce qu'ils n'avaient pas semé. Le grain s'entasse en petits monticules sur la terre ferme. On le décortique en famille. Nous croisons maintes pirogues. Les unes, pesamment chargées de sacs en sparterie, rentrent la récolte au village. D'autres filent plus légères. Une silhouette proprette, en beaux et amples atours, s'y prélasse à l'ordinaire, la femme du cultivateur, allant réaliser au marché voisin partie de la récolte.

Puis, quand l'obscurité est venue, quand la gent ailée est enfin entrée en silence, l'animation diurne se prolonge. Les feux des campements de moissonneurs illuminent les rives. En passant, les villages nous envoient le rythme des tambours et le chant des danseurs. C'est maintenant l'heure où les hommes font bombance... A la nouvelle des récoltes rentrées, les pasteurs sont accourus et ont troqué les bêtes grasses de leurs troupeaux pour les prémices de la terre. Sous la tente du nomade, dans la hutte du cultivateur, on fait ripaille tout comme les oiseaux dans les rizières.

A cette principale et grande récolte de riz s'ajoutent, en d'autres époques de l'année, d'autres moissons, moindres en vérité. De février à mars, quand le Niger se vide, des terres limoneuses et fertiles sont mises à découvert et complantées de maïs, de tabac et de légumineuses. En juillet, le mil, l'orge et le blé sont ensemencés et prospèrent grâce aux pluies.

La nature a marqué ce pays de moissons perpétuelles pour devenir le siège d'un empire riche et puissant, et le centre d'une civilisation. Antiques ou modernes, les civilisations n'ont été qu'une moisson de plus, sur des terres fertiles. En effet, l'histoire nous dit qu'ici se trouve le berceau de cet énorme empire songhoï qui s'étendit un jour — au XVI^e siècle — du lac Tchad aux abords de l'Océan Atlantique, des confins du Maroc aux approches du golfe de Guinée : pour le traverser, il fallait cheminer six mois durant !

Gaô en était la métropole : elle tendait ses deux bras nigériens, lourds de richesse et de puissance, vers l'ouest et vers le sud, comme pour enlacer tout l'Occident africain. Une merveilleuse poussée de civilisation monta là, en plein continent noir, sous le règne de ce grand Askia qui dort sous la pyramide en pisé.

Qu'est devenu ce peuple songhoï qui fut si grand sur ces rives si fertiles? Trois siècles des pires vicissitudes l'ont réduit à rien. La proie de conquérants marocains d'abord, par eux pillé et désorganisé à l'envi, il devint ensuite la chose de nomades avides et cruels, Touaregs et Maures. Lorsque nous occupâmes ce pays, il y a huit ans, les Songhoïs ne vivaient plus; ils végétaient misérables : à quoi bon travailler? on les dépouillait; pourquoi procréer?

leurs enfants étaient enlevés et vendus au loin comme esclaves. Ils avaient subi l'asservissement jusqu'à l'abrutissement.

Nos troupes se mirent résolument à leur rôle de gendarmes à l'égard des nomades anarchistes. Les sédentaires ont repris conscience et se sont réorganisés : d'année en année les cultures progressent, l'excédent des récoltes augmente, les terres à l'abandon diminuent. Déjà l'indigène coupe les berges pour attirer l'eau vers des terres non irriguées, en vue de récoltes encore plus grandes. Le superbe passé des Songhoïs est un sûr garant de leur avenir. Un jour viendra où ce pays complètement régénéré exigera, ainsi que la vallée du Nil, la science des hydrographes pour étendre l'inondation bienfaisante.

Car les débouchés ne manqueront jamais au riz : les statistiques de l'Afrique occidentale en notent de considérables et croissantes importations. Le commerce du Niger a commencé de drainer la précieuse céréale de Gaô. On déplorait à mon passage le manque de chalands. Mais, entre tous, il est un débouché qui doit attirer et forcer l'attention, car son importance économique se double d'une question de haute politique : la soudure de notre vaste Empire africain, la liaison de notre Afrique méditerranéenne et de notre Afrique tropicale.

De l'autre côté du Sahara, aux oasis du Touat et du

Tidikelt d'où je viens, la datte est la culture dominante. Les récoltes de céréales sont insuffisantes et le riz, de consommation si commode, y est recherché en général, mais notamment par nos troupes sahariennes. Quand les méharistes partent pour leurs randonnées à travers les pays touaregs (dont les moindres durent trois mois), ils en emportent de grandes quantités : c'est la base de leur nourriture.

Ce riz vient d'Extrême-Orient débarquer à Gabès, et s'achemine par chameaux vers le Touat où il parvient souvent échauffé et avarié. A In-Salah il ne vaut pas moins de 500 francs la tonne. Or, sait-on ce qu'on le paie à Gaô? 50 francs. Voilà des différences de chiffres bien propres à stimuler les initiatives du commerce.

Après ma traversée du Sahara où j'ai, le premier, voyagé seul et sans escorte, zigzaguant au gré de ma fantaisie — où j'aurai été le premier flâneur — la démonstration de la sécurité du désert est faite. Aussi a-t-on décidé la création d'un courrier postal régulier, tous les mois, de l'une à l'autre rive du Sahara, des fleuves morts du Touat au grand fleuve vivant du Soudan. C'est là un premier chaînon destiné à relier l'Algérie au pays du Niger. Il a été renforcé par l'installation d'un poste permanent à Tarhaouhaout (Fort Motylinski), dans le sud du Hoggar, au centre du Sahara.

Mais une chaîne solide n'existera que s'il s'établit

des courants commerciaux qui, eux, ne sont point des agents de jonction factices. Le commerce du riz entre le Touat et le Niger que je viens de préciser, me semble fournir à de tels courants des éléments heureux. Et ainsi sera hâtée cette soudure du nord et du sud de notre vaste Empire africain, indispensable à sa solidité.

## V

Au sortir de la région lacustre, berceau de l'empire songhoï, nous accostons à Kabara, le port et les docks de Tombouctou, car on sait que la grande ville est située proche, et non sur le Niger.

Kabara a toujours ce petit air « port de mer » qui m'amusa infiniment lors de ma première visite. Mais la note s'est accentuée. Kabara a maintenant des allures de vieux loup de mer! Ça fleure le goudron. L'odeur forte que répand le grand commerce de poisson desséché, joue à ravir les effluves salins et ceux de la marée. Sur les quais, des ancres traînent partout, agriffant rageusement le rivage.

On distingue nettement deux ports, aujourd'hui : le port de commerce, et le port officiel, comme qui dirait le port de guerre! Dans ce dernier se balance toute une flottille en acier : grands chalands pour le transport du ravitaillement, des munitions et autre matériel de l'État; petits chalands à cabines confortables pour le voyage du personnel européen. A quelques mètres du quai, de vastes hangars s'offrent aussitôt à l'entrepôt des chargements. Et des piles de charbon en briquettes me disent encore qu'il y a ici beaucoup de nouveau. Petit poisson est devenu grand!

A peine débarqué, il vous est loisible, comme à Marseille ou au Havre, de télégraphier vers n'importe quel point de l'univers que vous avez eu une bonne traversée... sur le Niger. La première maison que l'on rencontre après avoir traversé les quais est le bureau de poste. Point banal, ce bureau! Savez-vous qui transmettra votre dépêche? Un fils de roi. Parfaitement! L'employé que j'y trouvai n'était autre que Moktar-Tal, ancien élève de l'École des fils de chefs à Kayes, fils d'Aguibon, roi du Massina, et petit-fils du fameux El-Hadj Omar, le grand conquérant toucouleur qui s'avança menaçant jusqu'aux portes du Sénégal et fut vaincu par Faidherbe.

Autre singularité de ce bureau : bientôt on y pourra dire aussi deux mots au lac Tchad. Devant l'immeuble est, en effet, rangé en ordre de bataille le formidable matériel de la ligne télégraphique Tombouctou-Niamé-Zinder-Tchad[1] : ci 1.800 kilomètres.

1. Inaugurée en 1909.

Ce matériel ne me rappelle guère les moyens de fortune des lignes soudanaises de jadis, où les fils n'avaient pour s'accrocher que les arbres du pays! Les poteaux que voici sont de petites merveilles. Ils représentent les solutions d'un tas de problèmes. Rien du tronc de sapin que vous connaissez : les termites auraient tôt fait de s'en régaler en quelques repas succulents. Ce sont de sveltes poteaux métalliques, sur lesquels bien des générations après la nôtre transmettront encore leurs petites histoires. Ils mesurent six mètres de haut, car le fil ne devra pas gêner la promenade de messieurs les éléphants, ni de ces dames les girafes.

Il importe également que de pareilles masses soient transportables. Les poteaux métalliques sont donc évidés. A cause de ceci, on leur a donné une forme quadrangulaire, afin d'augmenter leur résistance; quand ils seront en place, on leur rendra du poids en les remplissant de sable. Il faut enfin que des masses d'une semblable longueur puissent s'arrimer sur les braves chameaux qui les porteront de Niamé au lac Tchad (900 kilom.). On les a divisées, à cet effet, en trois parties de deux mètres chacune et de diamètres différents : ainsi, les trois pièces entrent les unes dans les autres, à la façon des tubes d'un télescope.

Ce matériel, imaginé par la direction des télégraphes du Soudan, est d'un type parfait pour les pays à termites, les parcours déboisés et désertiques. Et à ce dernier titre, il est à retenir. Ne constitue-t-il pas une contribution précieuse à l'établissement de la grande ligne du Télégraphe-Transsaharien?

Je me souviens que Kabara avait jadis une garnison complète, infanterie, cavalerie, voire même du canon. Plus rien de tout cela. Il ne reste qu'un adjudant, qui, à vrai dire, tient l'emploi très pacifique de maître de port, et n'a sous ses ordres qu'une demi-douzaine de gardes régionaux, des Pandores noirs : vous comprenez! un port de mer...

Pour franchir les huit kilomètres séparant Kabara de Tombouctou, c'était autrefois toute une expédition. Je n'exagère pas. On partait escorté d'infanterie et flanqué de cavalerie. Le canon restait à la maison pour protéger le fort, suprême refuge en cas de retraite. Les multiples convois de marchandises, les riches commerçants, qui quotidiennement circulaient entre la grande ville et son port, étaient une tentation violente pour les nomades pauvres et avides de la région, Maures-Bérabiches et Touaregs. Cette route, quoique bordée d'une végétation parcimonieuse indiquant la lisière du Désert, était une véritable forêt de Bondy. Les plus braves ne s'y aventuraient qu'armés jusqu'aux oreilles, ce qui, souvent, ne les empêchait pas de faire en ce court trajet leur dernier et suprême voyage. Aussi, dès notre occupation, avait-on sabré les maigres végé-

Le matériel de la ligne télégraphique.

tations en bordures qui favorisaient les embuscades, et c'étaient huit kilomètres pelés, dénudés, fort vilains.

Je ne reconnais plus rien de ce chemin qui pourtant me fut familier. Un petit bois, d'essences sahariennes, l'encadre et l'ombrage de son mieux, encore que fort mal. Dans le sable, tout un peuple barbote placidement, déambule sans souci, femmes et enfants, comme bourriquots et chameaux.

Pas un homme qui porte fusil ou lance! Des passants s'arrêtent pour échanger le bonjour et des potins. Des flâneurs assis et groupés tiennent parlotte au pied d'un arbre. Je croise un aveugle qui chemine avec les yeux de son bâton tâtonnant. De temps en temps on voit des couples disparaître à droite ou à gauche dans la brousse. Il n'y a point encore de cafés. Mais dans l'ombre de buissons épais, se découvrent des marchands de noix de kola, la consommation de luxe des indigènes. J'ai impression que cette route, naguère lieu de terreur, est devenue à la fois le Boulevard et le Bois de Boulogne de Tombouctou.

## VI

Mais voici qu'après avoir gravi une dune, se découvre le long et fin profil de la Reine du Sahara, trônant dans la plaine lumineuse et immense...

En approchant, je distingue que sa silhouette s'est parée de constructions aux lignes vastes qui ne sont point dans mon souvenir, qui certes ne sont non plus œuvre des indigènes. Les arcades et les voûtes de bâtiments spacieux se précisent : leur dispersion dans une même clôture semble indiquer un hôpital conçu d'après les plus modernes données d'isolement. Plus loin sur un porche haut, entouré de murs hauts, se lit : *Trésor*.

Ici, à l'entrée de la ville, des ruines et des décombres faisaient autrefois un bien sinistre accueil au voyageur. Un bâtiment engageant et confortable se

dresse, dont le cartouche dit : *Postes et Télégraphes*. Et me voici dans les rues. J'y ai laissé un décor de maisons négligées, crevassées, croulantes, lépreuses. Je retrouve des demeures restaurées, agrandies, crépies avec soin, coquettes. Plus d'habitations en paille. Disparues les enclosures misérables en haies mortes : des murs soignés.

Comme la ville, les passants semblent avoir fait peau neuve. Jamais il n'y en eut autant. Au lieu de silhouettes pressées, fuyantes, au regard craintif et méfiant, aux traits amaigris — de bonnes faces sereines, souriantes, curieuses seulement ; des faces rondes de gens qui mangent bien et digèrent de même.

A ce propos, une note dont il ne me souvient aucunement. Un peu partout flotte une odeur de grillades, plane je ne sais quelle atmosphère rabelaisienne, faite de ces grands étals de viandes grasses au soleil des marchés, et aussi des rôtisseries en plein vent.

Jadis les abords des maisons étaient déserts, les portes restaient closes. Devant les seuils ouverts gaiement, des écoliers travaillent ou des bandes de mioches s'ébrouent : dans le vif émail de leurs yeux de négrillons ne se lit plus la crainte du Touareg voleur d'enfants.

Tout cela respire une plaisante émancipation, tout cela me raconte l'aplomb retrouvé par choses et gens en cette ville où le nomade, tyran impitoyable, avait fait surgir de lamentables décors et de pauvres marionnettes, vêtues de sale et de négligé, à l'allure hypocrite. Ne fallait-il pas dissimuler toujours, dissimuler tout, aisance, vêtements propres et confortables, comme famille et enfants, tandis que toujours rôdait par la cité le Touareg, QUAERENS QUEM DEVORET !

Comme je philosophais joyeusement sur ce passé sinistre, quelqu'un dont les traits me sont restés profondément dans la mémoire, surgit devant moi, sorti je ne sais d'où. J'aurais parié que parmi les indigènes celui-là serait le premier à connaître mon arrivée ! C'est Omar Amidou, jadis surnommé par moi « La Gazette de Tombouctou ». Un type. Sur sa peau noire, ses origines berbères, très proches, sont écrites en traits d'une extrême finesse. Ses mains effilées, et le geste, et l'allure, sont d'un raffiné. Point d'âge ;

il est aujourd'hui celui qu'il était il y a quinze ans. Dans un groupe aussitôt il s'impose à l'attention, encore qu'il parle peu. Deux yeux mobiles, perçants, petits, enchâssés délicatement, parlent pour lui. Ces yeux savent aussi écouter, et mieux que des oreilles! Grâce à eux, il viole la confidence des plus obstinément muets. Sans avoir rien entendu, il sait tout, tout, tout...

Quand j'étais étudiant à Tombouctou, occupé de déchiffrer la ville mystérieuse, il se constitua ma bonne fée, me disant : Fais causer un tel sur ce sujet. — Tel autre doit posséder le vieux manuscrit historique dont tu as besoin. — Je vais te conduire à l'endroit où telle chose se passa. Il ne me souvient pas de l'avoir trouvé à court. Se portant garant de la confiance que l'on pouvait me faire, il m'apprivoisa ce monde tombouctien qui était tout méfiance.

En m'abordant, ses yeux extraordinaires lancent des étincelles électriques. A peine ses amitiés terminées, il commence : « Je connais ta vie depuis que tu nous as quittés. Je sais que dix ans passés tu es allé chez les infidèles Mossis. Maintenant tu arrives de Gaô, après avoir traversé le Sahara. » Le voilà tout entier! Bien que je sache qu'il ne m'en dira rien, je lui demande d'où il tient ces détails. Pour toute réponse un rayonnant sourire qui doit signifier : « As-tu oublié que, toujours, je sais tout! »

Il baragouine maintenant le français. Surtout le

comprend parfaitement. Mais, par principe, s'efforce de n'en rien laisser paraître. C'est avec ses yeux extraordinaires qu'il aura, je gage, appris notre langue ! Voilà qui me va. Je flatte sa manie d'homme bien informé en l'envoyant annoncer mon arrivée à tous mes amis indigènes. C'est de leur bouche, qui me révéla la ville ancienne, que je veux connaître la ville nouvelle.

Ils arrivent peu à peu, mes bons amis : Alfa Saïdou, chef de la ville, Ahmed Baba, le grand-cadi et le cadi Ahmadou Sanserif. Vient aussi l'ami Medoune, un vieux et brave serviteur de la France, un Français noir, interprète de la région. Il fit jadis avec moi la chasse aux vieux manuscrits arabes, ce pour quoi le ministre lui donna la rosette de l'Instruction publique, une grande joie ! qu'il m'écrivit. Il a continué de se montrer digne de cette distinction. Pendant mon absence ne s'est-il pas attaqué à la langue arabe, apprenant à la parler, à la lire et à l'écrire ! Et véritablement, étant donné son âge, ceci n'est point un mince mérite.

Hélas ! il en manque de mes amis, de mes précieux collaborateurs, chroniques vivantes de la ville, qui se laissèrent si complaisamment feuilleter par moi. Dans les dunes voisines où ils reposent, que le sable leur soit léger !

Pour les survivants, ils s'avancent, bedonnants dans leurs amples draperies, un peu pesants, eux que j'avais connus ingambes. Alors, avec des serrements de mains, de bons rires, la joie sur la figure, ils défilent le long chapelet des phrases petites, mais interminables, de la civilité puérile et honnête arabe. On se place maintenant. Toutes les chaises de ma chambre sont occupées. Ce détail m'intéresse : autrefois aux sièges que je leur offrais dans ma demeure, ils préféraient les nattes.

Et bientôt il m'est donné de revivre une de nos réunions pleines d'abandon, dont j'ai gardé un si bon souvenir.

Je ne manque pas de les complimenter tout d'abord sur leur air de prospérité, sur leurs vêtements aux belles broderies, et (un peu narquoisement) sur leurs mines grassouillettes qui expliquent sans doute les nombreuses rôtisseries de la cité...?

« Ah oui! toutes ces boucheries, ces rôtisseries te surprennent, me dit le grand-cadi. Te faisant, il y a quinze ans, le récit des maux dont les Touaregs nous torturaient, il en est certains que par honte j'ai omis, tant ils nous ravalaient... Je ne t'ai pas raconté que rôtisseries et boucheries, pillées au jour le jour, avaient dû disparaître. Les bouchers se contentaient d'aller s'asseoir sans marchandises sur le marché, absorbés — en apparence — à égrener leur chapelet. Les clients, également le chapelet en mains et non moins plongés dans de pieuses pensées, auprès d'eux passaient lentement et... rapidement nommaient la commande. La nuit venue, les livraisons se faisaient en cachette dans les recoins obscurs et déserts de la ville. »

De gaies vibrations de panses soulignèrent ce souvenir plaisant donné à un passé maudit, et le grand-cadi garda la parole pour parler des temps présents :

« Que pouvons-nous t'apprendre de véritablement nouveau, à toi qui nous as prédit tout ce qui s'est réalisé depuis l'installation des Français? Ne nous as-tu pas annoncé en partant que désormais Tombouctou allait revivre ces heures prospères de son histoire que nous avions lues ensemble dans les vieux livres?

« Tous ceux que le malheur avait expatriés sont rentrés et ont relevé leurs demeures. Des gens qui lors de ton séjour n'avaient même pas une case en paille, des gens qui couchaient au hasard des dunes sont maintenant propriétaires de bonnes maisons. Autour de la ville des faubourgs se sont élevés, en paille mais nullement misérables. La population de Tombouctou a plus que doublé, et malgré cette invasion, il n'y a de pauvres que les infirmes.

« Te souvient-il du chef des âniers de Tombouctou? un petit vieux, qui louait des bourriquots pour faire le transport entre la ville et Kabara? Ces derniers temps il en aurait pu mettre 200 à ton service : il en avait dans tout le pays, jusqu'au Mossi!

« Comme cadi, je viens de m'occuper de sa succession. Se sentant mourir, il réunit ses fils, et leur indiqua les diverses cachettes où se trouvait son argent. Les unes contenaient des pièces de cinq francs, d'autres des pièces d'or. Sais-tu combien nous avons trouvé? Quarante mille francs!

« La *communauté des hommes blancs* (colonie de commerçants marocains, touatiens ou tripolitains) qui ne comptait plus qu'un représentant unique s'est reconstituée. De Tanger et du sud du Maghreb, des Marocains sont accourus dès qu'ils ont su que les Français avaient rétabli l'ordre et la sécurité. Chacun se loue de leur honnêteté, et les commerçants français entretiennent avec eux les meilleures relations. Ils racontent volontiers ne point regretter leur pays, l'ayant abandonné pour échapper à l'insécurité et aux exactions. De leur sultan ils n'hésitent pas à dire qu'il est fou! »

Alors Omar-la-Gazette d'ajouter : « Dans leurs maisons closes, leur vie s'écoule gaiement. Ils ont découvert à Tombouctou une « limonade » permise aux musulmans, et tout à fait de leur goût — le champagne. Ce n'est pas par demi-bouteilles ni par bouteilles qu'ils en achètent, mais par caisses, et celles-ci se renouvellent souvent ». Et Omar, qui ignore le mot « ribotte », précise : « Certains jours, on entend jusque dans la rue qu'ils sont très gais! trop gais!! »

De nouveau, les panses de mes bons amis s'agitent

joyeusement. Eh! eh! je ne jurerais pas que le goût du champagne leur soit totalement inconnu...

Médoune, le vieil interprète, est très documenté aussi, de par ses fonctions officielles, sur ces relations renouées avec l'Afrique septentrionale :

« Les Marocains ne sont pas seuls à avoir repris le chemin de Tombouctou; tu trouveras en ville un commerçant d'Akabli (Touat), qui semble faire de bonnes affaires. Il est venu en une quarantaine de jours par la vieille route : In-Size, Timissao, In-Ouzel et Mabrouk. D'autres Arabes encore nous visitent chaque année, mais sans se fixer longuement. Ceux-là sont originaires du Sud-Algérien, des Chambâ et autres. Cette année, nous en avons eu deux; l'an passé, trois. Ils provoquent une grande curiosité en ville.

« Ce sont d'anciens soldats des troupes sahariennes. Durant leur service ils se sont familiarisés avec le Désert, sa vie, ses routes et ses habitants. Aussi n'hésitent-ils pas à le traverser, autant par curiosité que pour commercer. Aussitôt arrivés, ils se présentent aux autorités françaises et se plaisent à exhiber leurs livrets militaires. Puis, en ville, sur leurs grands et beaux burnous, ils épinglent avec fierté la médaille saharienne qu'ils ont gagnée au service de la France, et, auprès des indigènes, aiment à passer pour des Français.

« Seuls les gens de Tripolitaine ne donnent pas

signe de vie, et pourtant, cette voie aussi est praticable à l'heure actuelle ».

« — Je sais quelqu'un qui compte la prendre bientôt, dit le Cadi Ahmadou Sanserif. C'est une curieuse histoire. Jadis, un jeune commerçant arabe de Rhadamès vint à Tombouctou pour affaires. Mais l'insécurité du Sahara toujours empêcha son retour. Voici trente-cinq ans qu'il est ainsi retenu au Soudan ; il s'y est marié d'ailleurs et a de nombreux enfants.

« Avant de partir, il avait déjà convolé à Rhadamès, où sa première épouse est restée et l'attend toujours. Récemment elle a pu lui faire parvenir un petit pli Il renfermait une mèche de cheveux et ces quelques lignes :

« *Quand tu es parti pour les pays noirs, mes cheveux étaient de la couleur des pays vers lesquels tu te dirigeais.*

« *Vois les cheveux que je t'envoie maintenant. Ils sont blancs comme les pays où je suis restée, où tu es né, et où j'espère te revoir avant de mourir.*

« Le vieillard a été très ému... Il ne peut presque plus marcher, et pourtant, convaincu qu'il aura la force de rentrer au pays natal, il va se mettre en route avec l'aîné de ses fils soudanais qui a trente ans. Je ne pense pas qu'il raconte jamais de mauvaises choses sur les Français, s'il peut regagner enfin la Tripolitaine! »

Nous causâmes longtemps encore. Ils ne tarissaient pas sur les avantages qu'ils tirent de l'occupation française, sur les progrès qu'elle leur a apportés, m'initiant à ceux-ci avec la complaisance qu'ils prodigueraient à quelque ingénu parent de province. La poste et son fonctionnement ravissent particulièrement ces commerçants. Ils me semblent d'ailleurs en user jusqu'à l'abus, imposant au postier bénévole de leur servir d'écrivain public pour lettres, télégrammes ou mandats, car toutes les opérations leur sont familières.

Lors de mon séjour, j'avais loué une maison où j'ai passé des semaines pleines d'agrément, et mon hôte, Bahamou Boudjou, de son côté, ne m'avait pas laissé moins bon souvenir. Son absence à notre réunion m'étonne. Il n'est plus là..., parti pour le paradis de Mahomet, ainsi qu'il me plaît de croire. Alors je voudrais revoir du moins mon ancienne demeure, et j'envoie annoncer ma visite à sa famille.

Sur le seuil un jeune homme me reçoit : « Ah! c'est toi, Félix? » me dit-il usant du seul prénom, selon la coutume d'Afrique. Je suis Isa, fils de Bahamou. Mon père m'a bien souvent causé de toi. D'ailleurs, si je sais te parler en français, c'est en partie à toi que je le dois. »

Je ne me rappelle pas du tout avoir instruit quelqu'un durant mon séjour, trop absorbé à m'instruire moi-même.

« Oui, continua-t-il, en riant de ma perplexité. J'étais un gamin quand tu habitais auprès de nous. Tu aimais à causer avec le père, et il nous a répété vos causeries. Tu lui as dit entre autres que les Français ne quitteraient plus le pays, que dès lors tous ceux qui parleraient leur langue en tireraient maint avantage, que dans l'intérêt de mon avenir il fallait me la faire apprendre au plus tôt. Après ton départ, le père projeta de suivre ton conseil. Mais il n'y avait pas d'école française à Tombouctou. La plus proche était bien loin, à Segou, à 500 kilomètres d'ici. Le père n'hésita pourtant pas à m'y envoyer et j'y suis resté deux ans. »

En causant ainsi, il me conduit vers une agréable courette un peu obscure, frais patio tapissé de nattes, avec, dans les murs, des nids, et des tourterelles qui roucoulent en sourdine. C'est le salon, l'appartement des femmes, lesquelles, dans les bonnes familles de Tombouctou, vivent à l'écart, selon la coutume d'Orient. Là filent et papotent, entourées de marmaille, un groupe de jeunes femmes, les épouses d'Isa et leurs servantes. Et, joyeux, il annonce en entrant : « Mère ! voilà Félix ! »

Dans le groupe une aimable dame quitte sa pipe, pour s'exclamer à son tour : « Félix ! Félix ! » avec un gentil geste d'accueil. Malgré les ans, je reconnais incontinent ma bonne hôtesse. Elle fut belle et souriante il y a quinze ans, citée par la ville pour sa beauté, son élégance et l'art de ses coiffures. Son mari, un peu jaloux, me confiait : « J'entends bien ce que disent ses lèvres, mais je n'entends pas ce que dit son cœur. » J'ai d'elle un portrait en son attitude préférée, fumant la pipe sur la terrasse commune à nos demeures.

Encore que le temps ait un peu empâté ses charmes, l'aimable femme a toujours un joli sourire et de grands yeux séducteurs. Elle n'a pas appris le français. Sans doute sa pipette ne lui en a pas laissé le temps ! N'empêche qu'elle aussi, affiche du goût pour la francisation ; maintenant elle tire ses petites bouffées d'une tête de zouave...

# VII

Il semble bien que Tombouctou a vu s'accomplir la résurrection jadis prédite par moi. Mes conjectures tablaient sur son admirable position géographique, au bord du Sahara affamé, au seuil du Soudan plantureux : une telle situation est faite pour conserver une importance éternelle.

La ville a rejeté les haillons sous lesquels nous l'avons trouvée. Avec la paix française elle est redevenue la plaisante et active cité cosmopolite, trait d'union entre le monde des blancs et les pays des noirs.

Le commerce européen s'y est taillé une place confortable tant par les succursales de compagnies soudanaises, que par les comptoirs de firmes importantes du Sénégal, et enfin par des négociants privés. Au

nord de la ville il y avait une place grande, mais minable, dite du « Petit Marché » pour ce que les ménagères y venaient faire leurs menues provisions quotidiennes. Nos commerçants ont complètement transformé, bouleversé, non seulement la place, mais tout le quartier. Ils en ont fait le centre principal des affaires. De vastes immeubles signalent leurs entrepôts et encadrent la place.

Celle-ci, où je n'ai connu que quelques pauvres marchandes de légumes, d'épices et autres misères, est aujourd'hui toute grouillante de l'activité des petits commerçants indigènes, parmi lesquels ne manque pas la figure claire de l'âpre mercanti syrien, le gagne-petit de tous les pays neufs. La menue monnaie de coquillages, les *cauris,* a disparu : des centimes les remplacent.

Il m'a paru que les Européens, à l'égal des Tombouctiens, étaient satisfaits de leurs affaires. Joie non moindre, j'ai constaté l'harmonie dans laquelle vivent nos compatriotes aussi bien entre eux qu'avec les autorités. La tâche du jour terminée, un bridge ambulant les réunit tantôt chez l'un, tantôt chez l'autre.

Chaque dimanche, demeures privées et bâtiments officiels hissent le pavillon tricolore, dont les gaies couleurs strient plaisamment le gris panorama de la ville, et d'amiables dîners réunissent maintenant bridgeurs et ceux qui n'entendent rien au « sans-atout ». Il s'y déguste de gourmandes recettes indigènes. Mais par ailleurs, en mainte joyeuseté, on sent passer le souffle du pays de France. Dans leurs linceuls de sable, hors la ville, les vieux fêtards des siècles lointains où Tombouctou était une ville de plaisir au loin réputée, doivent parfois tressaillir d'aise!

A table, en guise de pain, selon la quotidienne habitude des Européens, on mange le *takoula,* galette de froment nigérien cuite au four banal de la rue. Cette substitution fait ma joie! Autrefois, le gouverneur de Trentinian ayant estimé à la fois onéreuse et malsaine la farine de France qui arrivait échauffée et charançonnée, avait judicieusement tenté de faire consommer la farine de blé nigérien. Ah! ce fut un beau tollé! Chacun de trouver qu'elle était ceci, qu'elle sentait cela! On y renonça... Erreur hier, vérité aujourd'hui.

Le bilan de la prospérité de Tombouctou est agréable à constater, assurément. Mais cette béatitude commerciale ne me donne pas satisfaction entière. J'avais exprimé, pour la Reine du Sahara, d'autres espérances encore — pas plus chimériques que celles de sa résurrection commerciale, s'appuyant également sur des données certaines, sur l'histoire.

À sa naissance, Tombouctou avait été simplement une oasis naturelle dans la grande plaine incendiée de soleil. Précisément les verdures réjouissantes du lieu y déterminèrent la fondation d'une ville. Et longtemps elle conserva cette plaisante empreinte de ses origines. Des arbres ombrageaient ses rues et ses places. Le sourire des jardins accueillait le voyageur à ses portes. Il en fut ainsi jusqu'au XVII^e siècle, où les conquérants marocains se livrèrent à des coupes barbares pour construire une flottille sur le Niger.

J'avais rêvé une Tombouctou par nos soins empanachée de palmiers, entourée de jardins reverdis, striée d'avenues fraîches et piquetée de ces places ombreuses, joie même des moindres villages au Soudan. Blancs ou noirs, tous ceux qui n'auraient vu la Reine du Sahara qu'une fois unique sous cette parure, en auraient gardé l'ineffaçable souvenir. La vision édénique que les caravanes des âges lointains voyaient surgir au terme de leur longue route désertique, fut un facteur initial de la grande renommée de Tombouctou. Un peu de fumure, un arrosage régulier, de la persévérance surtout — et, après quinze ans écoulés, ce rêve eût pu me réapparaître en une gracieuse réalité.

Au temps jadis, les hautes eaux du Niger venaient annuellement baigner les abords de la ville, grâce à une dépression, sorte de cul-de-sac aquatique. Le canal était précieux pour les transports, précieux pour la vie végétale dont il entourait la ville. Ensablé par les siècles, il ne fonctionnait plus que précairement.

Il eût fallu le déblayer, le faire revivre, et complanter ses bords de ces grands joncs par quoi on arrête les sables aux oasis du Touat, de façon à éviter les obstructions futures. A ceci, comme au reboisement de la ville, les notables et la population auraient certainement concouru. Leur entendement ne fait point de doute. Il suffisait de les stimuler, de faire appel à l'orgueil local, et à leur profit encore. Il fallait leur commenter le proverbe arabe : *Celui qui a planté un arbre n'a point passé en vain sur la terre.*

J'ai le chagrin de ne pas voir réalisées ces espérances d'esthétique. Quelques manches à balais tout récemment amorcés en terre devant le fort principal et les casernes, c'est, en fait de végétation, tout ce que l'œil trouve pour son plaisir. La religion de la beauté, l'amour des paysages, la tendresse pour les arbres, font cependant partie de cette civilisation raffinée dont se pique la France. Croit-on que ces joies ne seraient point goûtées de ceux des nôtres appelés à vivre ici? Des femmes de notre race n'hésitent plus à partager la vie de ces postes avancés avec leurs maris. Refusera-t-on quelques fleurs, un peu d'ombrage, à ces vaillantes?

Aussi bien une autre esthétique, la plus terre à terre, — le confort, — ne semble pas davantage avoir retenu l'attention officielle. Les constructions administratives ne comptent encore qu'un seul immeuble en pierre, à la fois bureaux et demeure de l'administrateur de la région. Il est d'ailleurs très heureusement conçu, et propre à être pris pour modèle, sauf en sa partie décorative qui est... absente.

Quant aux autres fonctionnaires, ils sont encore logés dans du pisé, tant bien que mal, et surtout mal. Le fort-caserne Bonnier, que j'ai connu pimpant, s'en va en morceaux, telles les demeures indigènes autrefois, qui, elles, sont pimpantes aujourd'hui. Édifiant chassé-croisé, singulière leçon de choses pour les indigènes!

Des officiers et des gradés subalternes français sont logés plus négligemment que ceux qui vécurent là dans le coup de feu de l'arrivée. Aux mois si chauds de la saison estivale, je me demande comment il leur est possible de fournir la très grande somme de travail qu'on exige dans ces pays?

Je sais qu'à Tombouctou même il n'y a point de pierre. Il en est à peu de distance. Le Niger offre un transport facile et non coûteux. Je sais aussi que l'ordre très sage est donné de ne pas élever précipitamment, sur un point nouvellement occupé, des constructions onéreuses. Une connaissance plus approfondie du pays peut montrer en effet que notre installation est préférable en tel autre point.

Mais, en vérité, nous voici à Tombouctou depuis quinze ans. Il ne peut plus y avoir (s'il y en eut!) un doute sur la nécessité de nous y installer à jamais.

Les rouages administratifs très complets qui y sont réunis le prouveraient.

Lieu de ravitaillement du monde touareg et maure, aussi bien que de tous les peuples du Soudan, Tombouctou n'a point sa semblable dans toute l'Afrique occidentale. Touristes anglais, américains, allemands, ne manquent pas d'apporter à sa célébrité l'hommage de leur visite. C'est un point merveilleux pour impressionner ceux-ci et ceux-là. Il importe que tous en rapportent une vision prestigieuse de notre puissance. Croit-on que ce but sera atteint chez l'indigène qui aura vu nos officiers, nos sous-officiers, et nos troupes — images de notre puissance, — vivant dans un décor de délabrement?

Enfin, j'avais rêvé également d'une Tombouctou devenue un foyer de langue et de culture française, comme elle fut jadis un centre de culture arabe. Déception encore!... On ne s'est point soucié, non plus, de prendre en main le grand levier moral et intellectuel qu'offre Tombouctou.

Elle fut, de tout temps, le *cerveau du Soudan*. Les savants de son université étaient connus dans les universités de Fez, de Kairouan, au Touat, en Tripolitaine. Après une instruction primaire reçue au pays natal, c'est ici que Soudanais et gens du Désert venaient faire de hautes études. Le proverbe soudanais dit : « Le sel vient du Nord. L'or vient du Sud. L'argent du pays des Blancs. Mais les paroles de Dieu, les choses savantes, les histoires et les contes jolis, on ne les trouve qu'à Tombouctou. »

Mettant à profit la sécurité instaurée par nous, les Marabouts (ou *Alfas,* comme on dit ici) se sont empressés à rouvrir leurs écoles d'où la mauvaise semence arabe prend sa volée. Elles sont nombreuses. Une simple promenade à travers les rues suffit pour s'en rendre compte : les classes bruyantes se font à seuils ouverts, et souvent sur la chaussée.

Une unique école représente nos efforts à nous. Cette école française n'a même pas, en ce moment, pour titulaire un instituteur de carrière. Aidé d'un moniteur noir, c'est un douanier qui fait la classe, — quand sa charge ne le réclame pas.

En cherchant bien, notre œuvre intellectuelle se complète d'un embryon de bibliothèque qui occupe, incomplètement, une petite armoire dans les bureaux de l'administrateur. Il y a là une soixantaine de volumes fatigués, dont je ne ferai pas la critique, car ils sont les dons bénévoles de fonctionnaires ou officiers rentrant en France.

On conviendra que nous devons au rôle de civilisateurs, à notre prestige et à notre intérêt, de faire tout autre chose. A Tombouctou, antique porte de sa pénétration, nous devons arrêter désormais la fâcheuse semence arabe. Non point par des persécutions, s'entend : par de loyales mesures.

Créons une école de premier rang, à la tête de

laquelle sera un instituteur français de choix. Pour collaborateurs, on lui donnera les meilleurs instituteurs noirs formés à l'École de Kayes. Cet ensemble constituera une minuscule université française, en face des écoles arabes.

Il faut compter avec les réalités. Si les ressources financières locales (impôts divers, recettes de la douane, etc.) sont insuffisantes, le concours des grands emprunts coloniaux doit incontestablement s'étendre à de semblables œuvres dont jouiront de nombreuses générations. Et puis, pourquoi l'université de Tombouctou ne trouverait-elle pas quelque Mécène qui serait son Carnegie?

J'aimerais que la seule vue de l'école française impressionnât les indigènes, par l'importance et le style de sa construction. Ainsi, ceux même qui n'y pénétreraient jamais, sauraient du moins et se répéteraient que ce monument est le temple de la grande culture française. En pierre, confortable, avec des classes spacieuses, l'édifice devra abriter un beau matériel scolaire, et non des tables et des bancs confectionnés avec de vieilles caisses à absinthe. Il devra être agréable aussi, entouré d'arbres, de verdure, de fleurs. Ceci et cela donnera aux élèves quelque fierté, quelque joie, qui rendront le chemin vers l'école plus attrayant.

Le monument devra abriter également une bibliothèque véritable. Les exemples d'autodidaxie sont loin d'être rares parmi les noirs. C'est pourquoi, par delà la littérature, le choix des livres devra se porter sur les sciences, les arts, les industries et les professions. Il me plairait de voir cette bibliothèque publique devenir, à la longue, le lieu de réunion, de contact et de délassement des Européens et des indigènes.

... Et ainsi complétée, Tombouctou, en même temps que centre commercial intense et prospère, sera devenue une cité d'autorité prestigieuse, une douce ville d'ombre et de fleurs, un foyer intellectuel, en un mot une véritable école d'application du progrès et de la civilisation française. Comme nulle part ailleurs, Berbères, Arabes et Noirs y apprendront tout ce qu'est la France, et tout ce qu'elle apporte à ceux qui se sont loyalement ralliés à son pavillon.

## VIII

Je ne veux pas quitter Tombouctou sans avoir réglé un très vieux compte, un compte presque centenaire!

Au mois d'octobre 1815, parmi les nombreux marins sans emploi qui encombraient les bas quartiers de Londres, se trouvait un matelot américain du nom de Robert Adams. Relevant de maladie, affamé, mal vêtu, il faisait piteuse mine même parmi ces miséreux. Cependant son dénûment n'était pas absolu : il possédait langue dorée, et racontait une histoire extraordinaire.

Longtemps esclave dans l'intérieur de l'Afrique (de 1810 à 1814), *il avait fait un séjour de plusieurs mois à Tombouctou,* la ville mystérieuse.

Une telle histoire ne pouvait manquer de piquer

la curiosité à l'époque. En Angleterre principalement. L'an 1788, des Anglais, au nombre d'une centaine, s'étaient découvert une commune et ardente passion pour l'Afrique inconnue. Ils appartenaient à tous les mondes, simples particuliers, commerçants, médecins, révérends et évêques, colonels et généraux, comtes, marquis, ducs, lords, des comtesses aussi. Les plus grands noms de l'Angleterre, tels que Northumberland, Palmerston, Harrington, communièrent en cette pensée exotique avec des gentlemen sans généalogie. Moyennant une souscription annuelle de cinq guinées, on résolut de percer enfin les mystères du continent noir. Et le groupement prit la personnalité de « Association pour la découverte de l'Afrique intérieure », ou, pour parler court : « Association africaine ».

L'œuvre fut menée avec cette méthode, cette suite, cette obstination admirables qui sont le ton des entreprises de haute volée chez les Anglais. Pendant près d'un siècle ni ses efforts, ni sa vigilance ne se démentirent, jusqu'à ce que l'Afrique fût reconnue du nord au sud, de l'est à l'ouest. Ce jour-là, il se trouva que l'Angleterre en possédait la meilleure et la plus grande part...

J'ai souvent entendu gémir, en France et ailleurs, sur ce gros lot qui était échu aux Anglais. Il importe de se remémorer que le hasard n'y est pour rien, l'injustice pas davantage. Il plaît à un africaniste

Vue panoramique de Tombouctou.

français de proclamer que la part du Lion britannique est toute légitime. Nul peuple ne peut justifier en Afrique d'un souci aussi continu pour la pénétration, de résultats aussi capitaux dans la découverte. Il faut se réjouir de voir à l'honneur et au profit, qui fut à la peine. Et l'Angleterre y fut grandement par le labeur séculaire de son Association africaine.

Vers les temps dont nous parlons, cette œuvre en était à ses débuts. Elle s'efforçait, avant tout, de se documenter, réunissant et coordonnant tous les détails sur l'intérieur de l'Afrique qui se pouvaient tirer des rapports des consuls et des récits de négociants arabes ou autres. Par ces compilations l'Association excitait, d'une part, la curiosité de la masse pour les choses africaines, et provoquait en outre l'esprit d'entreprise chez les individualités. N'importait-il pas de voir se présenter à elle des « agents », ainsi que l'on s'exprimait alors modestement, des « explorateurs » dirions-nous aujourd'hui.

Pour remplir ce rôle, les Anglais se piquaient d'être aussi accueillants aux étrangers qu'à leurs compatriotes. Ayant envoyé Mungo-Park au Niger, le major Houghton en Gambie, leur société s'intéressa non moins au voyage de l'Américain J. Ledyard dans la Tripolitaine, et à la traversée de la Cyrénaïque par l'Allemand Hornemann. Pour ce dernier, elle fit d'abord le sacrifice de l'envoyer apprendre l'arabe à Goettingue, puis elle s'employa auprès de Bonaparte (qui conquérait l'Égypte) afin qu'il protégeât Hornemann par un passeport spécial.

Suprême mérite, l'Association africaine ne tenait point ses découvertes sous le boisseau, ainsi qu'avaient pratiqué autrefois les Vénitiens, les Portugais et les Espagnols. Les voyages de ses agents étaient publiés au plus tôt, avec cartes à l'appui, des autorisations de traduire étaient largement octroyées, et, de la sorte, les lumières africaines s'épandaient chez tous les peuples.

Tandis qu'un Comité assumait la direction du mouvement africaniste, les simples membres de la société se tenaient à l'affût de tout ce qui pouvait faire progresser l'œuvre commune. C'est ainsi que les mirifiques aventures du matelot américain Robert Adams parvinrent aux oreilles de l'un d'eux, l'honorable S. Cook. Il vit là un de ces documents préparatoires qui importaient. On rechercha le marin, on l'amena aux bureaux du Comité, on l'écouta et on demeura tout à fait perplexe! Le récit du matelot présentait une série tellement extraordinaire d'aventures et de souffrances, que M. S. Cook fut d'abord tenté de le considérer (selon ses propres termes) comme un roman.

Mais en même temps que fort défiant, c'était un gentleman fort consciencieux. Il avait du loisir; par amour de l'Afrique, il n'hésita pas à se transformer en véritable juge d'instruction.

A une nouvelle entrevue avec Adams il donna le caractère d'un interrogatoire, consigna par écrit ses dires, et s'efforça de le prendre en contradiction avec lui-même. Après avoir ainsi passé au crible son homme, il commença d'en concevoir une opinion plus favorable. Ayant répété quelques-unes de ses questions, il fut surtout ébranlé par « le ton d'assurance et de franchise » avec lequel l'Américain lui faisait des réponses identiques. Le prudent M. S. Cook laissa s'écouler une semaine. L'interrogatoire reprit. De nouveau les réponses se trouvèrent parfaitement concordantes.

Convaincu désormais de la sincérité d'Adams et le matelot ne sachant ni lire ni écrire, M. S. Cook résolut de rédiger lui-même la relation de ses aventures. Mais l'Américain se montrait pressé d'un vif désir de retourner dans son pays après une absence si longue et si périlleuse. Cette hâte parut à l'honorable S. Cook une preuve décisive de bonne foi. Des chaînes d'or empêchèrent le départ d'Adams. M. S. Cook en fit les frais allègrement. L'Américain fut habillé décemment, et pourvu d'acomptes sur la gratification qui devait lui être versée à la fin de sa collaboration avec le dévoué membre de l'Association africaine. Informé de ces arrangements, le Comité décida généreusement que la publication du récit se ferait au profit du pauvre marin.

Un bon traité étant intervenu, Robert Adams vint

passer chaque jour quelques heures auprès de M. S. Cook, qui ne se fit point faute de lui tendre maints pièges encore. Mais l'homme avait réponse à tout, et en des explications aussi simples que logiques. Lui demandait-on comment il avait pu conserver un souvenir si positif du nombre de journées que, dans le cours d'un si long voyage, il mit à se rendre d'un endroit à un autre? Il répliquait que « toujours obligé de marcher presque nu à l'ardeur d'un soleil brûlant, ce qui lui était un supplice inexprimable, il ne manquait jamais, au départ, de s'informer dans combien de jours on arriverait à destination ; il comptait ensuite les jours à mesure que chacun finissait, pour savoir le temps qu'il avait encore à souffrir, — ainsi les nombres se gravaient profondément dans sa mémoire. »

Que reprendre à cela? L'excellent M. S. Cook se frottait les mains et... tendait un autre piège. Après trois semaines de ce régime, M. S. Cook n'hésita plus à présenter son manuscrit et Robert Adams lui-même au comte Bathurst, chancelier de l'Échiquier, et à plusieurs autres membres du Gouvernement. On pourra se faire une idée du degré d'intérêt que l'un et l'autre provoquèrent chez ces hautes personnalités, quand on saura qu'en suite les Lords de la Trésorerie firent remettre au pauvre matelot une assez forte somme.

De plus, le ministre de la guerre, major général

Willoughby-Gordon, cisela le témoignage de son opinion dans le billet suivant adressé à M. S. Cook :

« D'après l'examen que j'ai fait de votre travail, et les déclarations conformes que j'ai entendues de la bouche d'Adams lui-même, je demeure parfaitement convaincu de la vérité de tous les rapports que vous avez obtenus de ce voyageur.

« Si l'on venait à me prouver maintenant que ce sont là des impostures, je tiendrais Adams pour un second Psalmanasar. »

Cette dernière phrase m'intrigua comme je lisais le vieux bouquin aux pages jaunies et piquées où fut révélée jadis l'odyssée du matelot américain. Que signifiait ce conditionnel? Que venait faire ce Psalmanasar, au nom d'allure babylonienne, asiatique, en cette affaire africaine? Voici. Un beau jour, vers le milieu du XVIIIe siècle, Londres avait vu débarquer un personnage de ce nom. Il venait de l'île Formose, sa patrie, déclara-t-il. A l'appui de ses dires il révéla aux savants britanniques une langue et une écriture inconnues, insoupçonnées même, d'un usage courant, affirmait-il, au pays de ses ancêtres. L'université d'Oxford exulta, et ne crut pouvoir faire moins que d'offrir au Seigneur les prémices de cette découverte : pieusement elle confia à Psalmanasar le soin de traduire le catéchisme en langage formosien. Sur les instances du monde savant il entreprit ensuite une *Relation de l'île Formose.* Très vif succès. Une traduction française ne tarda pas de paraître. Aussi le Formosien fut-il sollicité de collaborer à la *Grande Histoire universelle*. Ces hautes besognes usèrent prématurément sa précieuse existence, peut-être. Il décéda en 1763. Mais non sans laisser une œuvre suprême qui éclipsa tous ses autres travaux. C'étaient ses Mémoires. Très simplement, et en excellent français, Psalmanasar y racontait sa vie et avouait que tout ce qu'il avait publié sur l'île Formose, langue, écriture, histoire, était seulement un jeu de son esprit, qu'à la vérité, il avait vu le jour en France, s'appelait Georges et était de... Marseille!

Alors l'énigmatique et finale pensée du brave général Willoughby-Gordon devait se lire : « Si l'on venait à me prouver maintenant que ce sont là des impostures, je tiendrais Adams pour un imposteur. »

Calino pourrait signer cette pensée. Et un aimable pince-sans-rire également. Le ministre de la guerre l'était-il? Se méfiait-il d'une supercherie, et, vieux stratège, se ménageait-il une ligne de retraite?

De fait, la question des aventures de Robert Adams en est toujours où elle en était il y a un siècle. La véracité de son voyage à Tombouctou n'a jamais été infirmée; les ouvrages de géographie du monde entier le mentionnent comme l'un des premiers visiteurs de la ville mystérieuse. C'est aujourd'hui chose aisée de s'assurer si le matelot américain doit continuer à figurer au Panthéon des explorateurs, ou bien passer (aux côtés de Psalmanasar) dans la galerie des mystificateurs. Nous l'allons bien voir.

Rien de plus certain que le début de ses aventures. Il partit en juin 1810 de New-York sur le voilier *Charles,* lequel ayant débarqué son chargement à Gibraltar, se dirigea vers les côtes de Guinée pour y faire la vilaine besogne de la traite des nègres. Entraîné par les courants marins, le navire vint se perdre, comme tant d'autres voiliers, dans ces parages du Cap Blanc, rendus célèbres par le naufrage de la *Méduse*.

Sur le rivage campait une fraction de Maures qui accueillit l'épave avec joie, et l'équipage avec des sentiments plus mitigés. Capitaine et matelots furent faits prisonniers, c'est-à-dire, selon la coutume d'Afrique, devinrent esclaves. Adams nous apprend que ces Maures faisaient partie des Wolod D'leim. Exact. Les cartes modernes notent les Oulad Delim comme nomadisant aujourd'hui encore aux abords du Cap Blanc.

A leur grand étonnement, les naufragés découvrirent parmi les Maures, partageant leurs tentes et leurs repas, habillé comme eux, un jeune Européen. On causa. C'était un Français. Il raconta que l'année précédente, sur une petite chaloupe, il s'était échappé de l'île voisine de Ténériffe, en compagnie d'autres Français prisonniers. Manquant de vivres, les fugitifs avaient accosté dans ces parages. Capturés par les

Maures, ses compagnons avaient été emmenés en esclavage dans l'intérieur. Lui, était échu au présent campement. Pour éviter la servitude, il s'était fait musulman, et, depuis lors, vivait avec la Tribu. L'authenticité de cet épisode ne saurait être contestée : à la suite de la guerre d'Espagne, les prisonniers français furent internés aux Iles Canaries, et l'on constata, en effet, qu'un groupe avait réussi à s'évader, sur une embarcation, en 1809.

Il advint pour les Américains ce qui était arrivé aux Français. Partagés entre les diverses familles du campement, ils ne tardèrent pas à se trouver dispersés, les nomades s'étant disloqués. Adams (c'est encore un fait contrôlé) fut vendu par le maître auquel il était échu à des Maures de l'intérieur. C'est en leur compagnie que se déroulent les aventures qui le conduisirent à Tombouctou.

Ses nouveaux maîtres l'emmenèrent dans une chasse aux Nègres. Leur objectif était Soudenny, une « petite ville du pays des Noirs ». Or, voilà qu'au lieu de faire des prises, toute la bande, y compris Adams, est capturée par les Nègres. Cela s'accomplit en un tour de main. La ruse et l'éveil, bien connus, des Maures guerroyant se trouvèrent fâcheusement en défaut ce jour-là : ils furent pris comme des œufs au nid. Notons, en passant, qu'il ne m'a pas été possible de retrouver sur les cartes une ville, petite ou grande, du nom de Soudenny.

Les Nègres vainqueurs conçurent l'opportun dessein de conduire leurs prisonniers à Tombouctou. Idée bizarre à première réflexion, car Tombouctou n'était pas éloignée à moins de 25 journées de marche (800 kilom.). « Ce doit être la résidence du roi de la contrée, » conjecture Adams qui est simpliste. Bref, de la sorte, notre homme se trouva un beau jour dans la ville mystérieuse.

Dame Providence qui, jusqu'ici, s'était montrée si hargneuse à l'égard d'Adams, ne lui prodigua que des sourires durant son séjour à Tombouctou. Les Maures sont jetés en prison. Lui, objet de bienveillante curiosité pour toute la population, demeure libre, circule à sa fantaisie en ville comme au dehors, et pourra ainsi, en cinq mois, dévoiler à loisir cette cité de mystère. Bien plus. Nul voyageur n'y sera jamais placé mieux pour l'observer. Le roi de Tombouctou, en effet, le retient comme son hôte, et l'héberge dans son palais.

La reine et les dames de sa suite prennent grand plaisir à cet hôte extraordinaire, et passent des heures et des jours à le considérer. Adams en profite pour conter ces détails : « La reine et ses dames portaient des robes courtes, et n'avaient point d'autre vêtement sous cette robe, de sorte que, lorsqu'elles étaient assises sur les talons, à la manière de tous les Africains, la décence souffrait de leur posture, qui les livrait à l'indiscrétion de tous les regards. »

Ça, c'est une blague de matelot. Le double souci

Tombouctou : un étal de boucher.

de la galanterie et de la vérité ne me permet pas

de laisser passer de tels propos sans une protestation vive. Hommage aux dames de Tombouctou! Leurs dessous n'ont rien de cette simplicité inconvenante. Elles se parent de très amples vêtements, et multiples, qui les drapent de la tête aux pieds et sont bien loin de permettre les indiscrétions. Au surplus, ce marin n'a véritablement pas d'yeux pour le « sexe ». Parlant de la reine, ne dit-il pas que souliers ou sandales étaient inconnus d'elle, que « la plante de ses pieds semblait *dure et sèche comme le sabot d'un âne*... ». Toutes les dames de Tombouctou (à plus forte raison une reine!) se piquent de déambuler chaussées, et le plus coquettement possible.

Passons sur ses crimes de lèse-galanterie qui sont autant d'erreurs. Sans doute Adams aura un peu négligé ces fadaises, pour révéler ses dons d'observation en des sujets qui, avant tous autres, importent aux explorateurs, tels que topographie, sociologie, botanique et linguistique.

Mais alors quelle débâcle! Il dépeint la ville comme formée de maisons basses, ne comportant qu'un rez-de-chaussée, bâties au petit bonheur, çà et là, sans rues. « Il n'y a ni mosquées, ni temples quelconques. Aucune apparence publique de religion ne se fait remarquer. » Peut-on avoir été à Tombouctou sans être frappé de ses maisons à étages et stylisées, de ses rues en lacets? Peut-on n'y avoir pas aperçu, matin et soir, et un peu partout, ses habitants prosternés dans le sable en dévotions à Allah? Est-il possible d'ignorer ses très vieilles mosquées, qui ne sont pas précisément des bibelots d'étagère, et se voient avant même de pénétrer en ville?

Et selon Adams encore, Tombouctou serait située à 200 mètres d'une rivière appelée Mar-Zarah, d'un kilomètre de large, aux eaux saumâtres qui, entre deux montagnes de la hauteur de l'Atlas, coulerait dans la direction sud-ouest. Or le Niger, aux eaux très douces, passe à 8 kilomètres de la ville, en terrain absolument plat, et prend la direction, diamétralement opposée, du nord-est.

Certaines affirmations de l'Américain sont de véritables gageures contre le simple bon sens. Parmi « les principaux fruits » locaux, n'a-t-il pas vu les noix de coco et les ananas? Le cocotier est un arbre des climats maritimes, l'ananas exige des régions humides, — et Tombouctou est à des milliers de kilomètres de la mer, au seuil de la sécheresse du Désert. « Il n'y a d'autres grains que du riz et du maïs, » dit-il encore en matière botanique, ne se doutant pas que le mil est la principale céréale de Tombouctou.

Le règne animal n'est pas moins bousculé par notre matelot. En cinq mois, il n'a vu que des chèvres et des chevreaux, nul mouton, une seule vache — tandis que le gros bétail et les moutons ne manquent jamais. En revanche, il découvre de singulières autruches « qui ont à peu près le double de la grosseur d'une dinde »! Quant aux poules, qui sont aussi nombreuses à Tombouctou que n'importe où, elles lui ont totalement échappé : « le seul oiseau domestique, déclare-t-il, est la pintade ».

Je renonce à épingler les autres énormités d'Adams. Elles sont trop. Mais si une preuve de son imposture importait encore, on la trouverait dans la description de la route qui, par Taoudenni, l'aurait fait sortir de Tombouctou. Pendant dix jours il aurait suivi un cours d'eau, et cheminé ensuite sur « un sol constamment revêtu d'une pelouse ressemblant à de la mousse ». Bien loin d'offrir ces agréments, la route du Maroc se caractérise sinistrement par le manque d'eau et par des sables : c'est le vrai Désert! Bref, vingt-neuf jours après avoir quitté Tombouctou, il termine son voyage en un lieu qu'il appelle Woled D'leim.

A partir de ce moment, c'est-à-dire dès qu'il se dit revenu dans un campement de ces mêmes Maures Oulad Delim qui le capturèrent au Cap Blanc, Adams ne débite plus que vraisemblances et détails exacts. Pareille constatation s'était imposée pour le début de ses aventures! Ce rapprochement suggère bientôt le fin mot de toute son histoire :

Le voyage à Tombouctou est faux. Mais incontestable est qu'il passa trois années en Afrique depuis le fait certain de son naufrage, jusqu'à cette autre certitude de son rachat par le consul anglais de Mogador.

Pour qui connaît les mœurs des Maures, reconstituer la vie que le matelot mena dans cet intervalle est chose aisée. Son maître le mit à la besogne coutumière des esclaves, à la garde des troupeaux, ainsi qu'il le mentionne au début. Cette tâche est habituellement dévolue à des esclaves noirs. Dans les pâturages, l'Américain vécut donc avec des Nègres principalement. A l'appui de notre hypothèse vient cette déclaration du consul anglais qui racheta Adams : « Il prononce l'arabe d'une manière fort incorrecte, souvent inintelligible. Ce qu'il y a de certain, c'est qu'il sait quelque chose du langage des Nègres, car je l'ai souvent entendu converser avec des esclaves noirs à Mogador ».

Pendant les heures longues et vides de la vie de berger, entre compagnons d'infortune, le blanc et les Nègres durent échanger le récit de leur odyssée. L'un raconta comment les Maures l'avaient pris dans une chasse à l'homme, au Soudan. De là l'aventure de Soudenny que s'attribue le matelot. Un autre, un Bambarra sans doute, lui parla du Niger : aux environs de Bammakou il coule entre deux montagnes. D'où l'énormité par laquelle l'Américain place, à Tombouctou, le fleuve dans un cadre semblable.

Grâce à ces causeries, nombre de détails sur la vie des noirs lui devinrent familiers. Mais ces données n'étaient justes que pour la basse classe nègre, les milieux primitifs, païens, d'où les esclaves des Maures étaient issus. Transposées à Tombouctou dans un centre de civilisation, de raffinement, islamique au surplus, elles ne pouvaient manquer de jurer terriblement et faire découvrir aussitôt la supercherie.

Aujourd'hui où Tombouctou n'a plus de mystères, reprocher à M. S. Cook, le dévoué membre de l'Association africaine, de s'y être laissé prendre, de s'être porté garant de cette fable, serait pédant. J'ai dit les précautions et les ruses que son zèle avait déployées à l'égard d'Adams. Mais, ainsi que l'honorable gentleman s'exprimait, « le ton d'assurance et de franchise » de l'Américain l'avait emballé finanalement.

Par là il fut une des premières victimes de cette importation transatlantique qui s'appelle le « bluff ».

Soyons équitables pour tout le monde, même pour Robert Adams : ce simple matelot mena son bluff de main de maître, car il lui valut honneurs et fortune dans le moment, et encore, un siècle de renommée universelle...

## IX

Entre Tombouctou et Kabara, à mi-chemin, un point est désigné de longue date sous le nom de « Hourrou Meyra », *les faibles cris.* Cette application implique un sous-entendu. Il est tragique, sinistre. La pensée qui fit naître ce nom est celle-ci : « Ni à Tombouctou, ni à Kabara, on ne peut entendre *les faibles cris* des gens assassinés ici ». Les malandrins touaregs et maures, assurés que leurs victimes ne pourraient être secourues, tombaient de préférence en cet endroit sur les indigènes.

Il y a quinze ans, passant là, j'avais écrit : « Hourrou Meyra, l'endroit sinistre, disparaîtra des mémoires. On y entendra non des gémissements, mais des éclats de vie, les gais sifflets des vapeurs atterrissant ou levant l'ancre à Kabara ».

La prophétie s'est réalisée. Ayant quitté Tombouctou, j'entends précisément à Hourrou Meyra la sirène du petit vapeur qui doit me faire remonter 800 kilomètres du Niger, et me déposer à Koulikoro, tête de ligne du chemin de fer du Soudan.

Maintenant, de Kabara jusqu'en France, mon voyage va devenir jeu de touriste. Se doute-t-on qu'au mois d'août, quand le Sénégal et le Niger ont leurs eaux hautes, Tombouctou soit à une petite quinzaine de Paris?

Les piles de briquettes naguère aperçues sur les quais de Kabara expliquent ce trajet rapide. En effet, la colonie du Soudan possède aujourd'hui une flottille à vapeur sur le Niger. Elle a été droit au problème de l'État détenteur des transports en commun. Et, ma foi, la question a été résolue de façon très satisfaisante et judicieuse.

Le régime des eaux du grand fleuve a imposé deux types de bâtiments. Les uns qui circulent aux eaux hautes, sont de véritables petits paquebots, avec cabines, salle de bain, douche, table d'hôte : cinquante passagers et 120 tonnes de marchandises y trouvent place et des remorques augmentent encore la puissance de transport. Les autres, destinés au service en eaux basses, se composent de vapeurs très légers, des « vedettes », calant peu,

Une vedette.

portant de même, pourvus d'un rouf où seulement trois à quatre passagers trouvent place.

Si l'on ajoute qu'une mission hydrographique a précisé l'être du Niger, et balisé ses passages délicats; que, dès lors, les pilotes conduisent leurs bâtiments même la nuit, on concevra que le trajet de Kabara à Koulikoro puisse se faire très promptement. De son côté, le commerce européen a lancé des remorqueurs, et fait circuler des convois de chalands en acier; stimulé par cet exemple, le commerce indigène a multiplié ses grandes pirogues. Et ainsi le fleuve a été doté d'une animation qui s'est accrue d'année en année, et par quoi s'explique l'allure « vieux loup de mer » de Kabara.

A Kabara, un négociant européen de Tombouctou s'embarque en même temps que moi. Il se dispose à aller prendre du repos en France. Ce long éloignement provoque une petite manifestation où se révèle de façon charmante tout ce qu'il y a de cordial dans les rapports entre nos compatriotes et les Tombouctiens. Non seulement ses collègues blancs, mais encore une foule de commerçants indigènes, grands et petits, sont venus lui faire la conduite de Tombouctou à Kabara.

Il chemine, entouré d'un cortège pittoresque où les cavaliers s'entremêlent de piétons et de bourriquots. Des dames tombouctiennes sont également de la partie. Celles-ci et ceux-là sont vêtus d'apparat, les chevaux aussi qui sans cesse partent en fantasia, tandis que des tambourinaires lancent des rythmes parmi les chants, les jacasseries et les rires.

Parvenus sur le quai de Kabara, hommes et femmes, selon l'antique coutume, s'empressent à offrir au voyageur quelque présent de route, sandales brodées, petites besaces en cuir ornementées et pleines de couscouss, pipes imposantes, outres gouflées de dattes, poulets, œufs, vanneries remplies de galettes de froment ou de gâteaux au miel ; le petit vapeur en est presque encombré.

On va lever l'ancre. Rien de nos séparations pleurnichardes, lors des adieux. C'est, au contraire, la naïve explosion d'une belle confiance en la vie et en un destin heureux, qui me ravit d'autant plus que je la partage.

Au milieu de rires, de lazzis et de gais propos, le partant échange de longues poignées de mains et d'affectueuses accolades. Les dames indigènes, oublieuses du *cant* musulman, le lestent de malicieux et joyeux baisers. Des fusils pétaradent. Les tambourins et les chants redoublent. Le départ prend l'allure d'une véritable fête où domine, semble-t-il, cette touchante préoccupation : imprégner le voyageur de joie et d'affection si intensément qu'il languisse de vivre à nouveau ces deux sensations exquises, et hâte son retour.

La vallée du Niger est tout charme au temps de décembre et de janvier. L'air y est léger. La brise fraîche. La chaleur d'un juste milieu idéal. Dans une telle ambiance, on devine combien se goûtent les tableaux nigériens que la mémoire grave si profondément en tous ceux qui en ont joui. Ils passent et repassent, tandis que file notre petit vapeur.

Aux abords des villages, je retrouve mes grands arbres dont les racines titanesques s'élancent hors terre, semblables à des entrelacements de pythons ; mes bons arbres aux branches géantes, aux coupoles vertes, qui, entre deux horizons immenses, l'un tout d'eau, l'autre tout de plaine, se mirent placidement dans le fleuve. La nostalgie m'en est venue souvent durant cette absence de quinze ans. Ils me sont toute une philosophie. Dans leur ombre bleue et fraîche, j'ai de nouveau ces visions de vie douce, lente, paisible, dont le souvenir a calmé plus d'une fois ma fièvre aux heures de vie intense qui sont le lot de nos pays.

Ces visions sédatives me paraissent singulièrement multipliées. Jadis sur le rivage, les villages en ruines et désertés — méfaits des Touaregs et autres pirates — étaient peut-être plus nombreux que les lieux habités. La sécurité par nous établie a relevé et repeuplé les foyers abandonnés. Maintenant ces derniers sont le petit nombre. La vie terrienne de la vallée du Niger s'est développée parallèlement à sa vie maritime, grâce à notre installation.

Voici que ressuscitent d'autres visions nigériennes très chères. Dans les brumes des aurores s'estompent de délicates poésies à la Corot, de fins rideaux d'arbres encadrant des prairies humides, et, au premier plan, figé, le pêcheur aux aguets dans son embarcation. Émergeant des eaux, d'autres silhouettes pointent dans le décor vaporeux, lentes, silencieuses, précautionneuses, posant de très longs filets de barrage. En arrière de ce piège, les ombres prudentes vont se réunir tout à l'heure pour faire la battue : courant dans l'eau avec de grands cris, flagellant l'onde, chassant le poisson. Et la gent aquatique viendra à l'envi se faire prendre, « en telle quantité que les filets se rompront, que les barques seront remplies à en couler », selon les termes des Écritures. Le bon Niger est le lieu sur terre où se voient encore les pêches miraculeuses du lac de Génézareth. C'est au point que, durant notre navigation nocturne, gros poissons et petits, sans être le moins du monde sollicités, viennent sauter à bord!

Cependant d'autres visions aimées se sont évanouies. A la fin du jour, je ne vois plus émerger les grands mufles des hippopotames patauds et bonasses. Ils ne viennent plus s'ébrouer en bandes à fleur d'eau, ni humer le rose des crépuscules avant de gagner les pâturages dans la solitude des nuits. La navigation à vapeur, probablement, a mis fin à ces traditions apéritives.

Je ne retrouve point non plus sur les arbres des rives la fine *neige du Niger,* les gracieuses et innombrables silhouettes des blanches aigrettes. Mais ceci est une lamentable histoire.

Il y a peu d'années, un homme vint de Paris. Son domicile était un chaland avec lequel il montait et descendait le Niger. La flânerie n'était pour rien dans son vagabondage. Aigrettes et marabouts, couteaux de pélicans, d'outardes et de canards armés le préoccupaient. Les aigrettes surtout. Il était envoyé par une Maison de Plumes, et rentra avec ce qu'on appelle une honnête fortune.

La chose ne tarda pas à être connue. On sait probablement qu'à poids égal les « crosses » d'aigrettes valent plus cher que l'or (120 francs les 30 grammes). Mais ce dont on ne se doute guère, c'est que chacun des gracieux oiseaux en porte à peine quelques grammes. Un véritable massacre commença. Des gens sont cités qui amassèrent 60 kilos de crosses. Le bureau de poste de Mopti en expédia jusqu'à 300 kilos en une seule année. Sans discernement, on tuait les femelles comme les mâles. Pour les atteindre, on n'hésitait pas à tirer dans les nids, et les œufs même étaient détruits! C'est ainsi qu'a disparu, mais totalement disparu, la fine neige du Niger; c'est ainsi qu'a été vécue la fable de la *Poule aux œufs d'or*.

Le forfait étant accompli, l'autorité s'émut. La chasse aux aigrettes vient d'être interdite pour deux ans. Deux ans! Je n'en ai pas aperçu un seul couple. En dix ans, bien sûr, le mal ne sera pas réparé. Il faudra recourir à l'interdiction absolue, et, sans doute, se rabattre finalement sur l'élevage en volière tel qu'il se pratique dans la République Argentine.

Personne plus ne verra ce que j'ai vu, cette chose jolie, inattendue : dans l'incandescence des tropiques de grands arbres frissonnants sous la neige.

Un autre oiseau familier de la vallée du Niger est menacé du même sort : l'autruche. Mais celle-ci, fort heureusement, est capable d'offrir une tout autre défense. La chasse n'en est pas aussi simple que celle de l'aigrette. C'est pourquoi le massacre n'est point consommé. Il faut battre les steppes, courir les sables, et ceci est beaucoup moins dans les goûts des envoyés de Maisons de Plumes.

Depuis les pays de Mauritanie jusqu'à Gaô, et aux abords lointains du lac Tchad, la région de l'autruche est immense. Pas moindres toutefois ne sont la pauvreté et l'esprit de lucre des nomades maures et touaregs qui partagent cet habitat. La chasse de l'autruche est une de ces moissons qu'ils aiment, car elle ne comporte ni labeurs ni ensemencements. Ils s'y adonnent malheureusement sans réserve, et, à défaut de dépouilles, tirent monnaie des œufs. Sur le seul marché de Nioro on en apporte un millier chaque année.

Pour l'autruche, les autorités ne se sont point laissé surprendre par les événements, et depuis plusieurs années ont mis à l'étude pratique la question de son élevage. C'est une coutume ancienne au Niger, relatée déjà dans les vieilles chroniques soudanaises, de tenir des autruches domestiques. Non en vue des plumes, ainsi que l'on pourrait croire, — elles sont plutôt laides, déchiquetées, sales, les sujets vivant dans des enclos trop étroits, — mais en vue de la table. Dans les festins soudanais, l'autruche tient, en effet, le rôle de notre dinde...

Nous stoppons à Niafonké. C'est ici que le gouvernement du Soudan, avec une persévérance louable, a créé une nouvelle autrucherie après de premiers échecs à Koulikoro et à Goumbou. La direction a été confiée cette fois à un capitaine de l'infanterie coloniale. On a compté sur la ponctualité et la régularité des méthodes de l'armée pour arriver, enfin, à des résultats et des données définitifs. J'ai lieu de croire que cette disposition est heureuse. Car la possibilité de l'élevage et de l'exploitation des élèves ne fait point de doute. Depuis longtemps ils se pratiquent au Cap, dans le sud de l'Afrique, sous un climat différent de celui du Soudan, il est vrai. Mais dans le nord de l'Afrique, en Égypte, j'ai visité jadis à Matarieh, près Le Caire, une importante autrucherie qui donnait toute satisfaction à un de nos compatriotes, son propriétaire.

Si la mémoire ne me trahit pas, un souci dominait tout : n'entrer en rapport avec les bêtes qu'en prenant des précautions extrêmes, afin de ne jamais les troubler, ni les effaroucher. On évitait les irruptions fréquentes et soudaines dans les parcs, les gestes brusques; on n'avançait qu'à pas très mesurés ; on s'abstenait surtout, avec le plus grand soin, de les fixer du regard. A cela s'ajoutait la régularité de la nourriture, des bandes peu nombreuses dans les enclos, et ceux-ci d'une étendue raisonnable. Cette captivité dorée suggérait aux oiseaux le plus possible l'illusion de la liberté et un peu de la solitude de leurs steppes. Et tout est là pour obtenir une ponte efficace comme pour éviter les suicides et les tentatives d'évasion.

On peut donc espérer que très prochainement l'autrucherie de Niafonké pourra fournir à l'élevage, non seulement des sujets sélectionnés, mais encore des méthodes rationnelles, et pour le déplumage annuel des élèves, et pour la reproduction de ceux-ci. Grâce à cet appoint officiel, le gouvernement du Soudan espère que bientôt les commerçants européens tiendront auprès de leurs factoreries des parcs d'autruches, qui leur seront, à la fois, distraction et profit.

## X

Niafonké nous offre encore un autre sujet d'arrêt : parallèlement à l'autrucherie créée en vue de l'intérêt des colons, le gouvernement du Soudan a établi une bergerie modèle, en souci des intérêts indigènes, et plus particulièrement des Pasteurs ou Nomades.

Les troupeaux de moutons sont grands et nombreux dans la région nord du Soudan. Cependant deux races distinctes les composent, de valeur commerciale fort différente : le mouton à poil (*damane*) qui ne relève que de la boucherie, et le mouton à laine dont la valeur s'augmente des bénéfices de la tonte. C'est donc ce dernier qu'il importe de développer et d'améliorer au détriment du premier. Or, le Nomade est routinier et insouciant. Il fallait le secouer et le styler. C'est à quoi tend la bergerie de Niafonké, où des béliers d'Estramadure et d'Algérie ont été importés en vue de croisements, où, d'autre part, le vétérinaire-directeur prêche aux Pasteurs l'héroïque solution de châtrer en masse tous les moutons sans laine.

J'ai montré, dans la région de Gaô, le cultivateur par nos soins remis en confiance, se développant d'année en année, prospérant. Tombouctou nous a conté la béatitude de ses commerçants. Le Niger s'est montré animé d'une vie nouvelle grâce à notre domination. Voyons ce qu'il est advenu des Nomades dans le nouvel état de choses. Ils représentent une des questions importantes de la colonie; leurs troupeaux sont un des facteurs de sa richesse.

La vallée du Niger est, en effet, très particulière dans l'Afrique d'aujourd'hui par l'enchevêtrement des sédentaires et des Nomades. La Numidie antique peut seule donner idée de cette situation, car l'Algérie moderne s'est efforcée de faire évacuer aux Pasteurs toutes les terres de labour du Tell.

Cet enchevêtrement se complique d'une question de sang. Le sédentaire représente l'autochtone, et est de race noire. Le Nomade est de race blanche, toujours. C'est, de plus, un immigré au Niger et d'une manière générale au continent noir, où il introduisit à sa suite la chèvre, le mouton, le bœuf, comme l'âne, le cheval, le chameau et le chien : à l'origine, aucun de ces animaux ne faisait partie de la faune africaine.

Au Soudan, les Pasteurs arrivèrent du Nord, chassés des steppes sahariennes par la sécheresse. Ils commencèrent de paraître en vue du Niger aux environs du premier millénaire de notre ère, ce semble. De siècle en siècle leur nombre augmenta comme progressait la sécheresse au Sahara. La nécessité de l'eau attira successivement les Maures, les Peulhs, les Touaregs et les Berabers vers la vallée du grand fleuve.

Au point de vue ethnique, pour l'amélioration de la race indigène, cette irruption fut une excellente chose.

Il importe de savoir qu'antérieurement aux Pasteurs (vers les premiers siècles qui précédèrent notre ère, je pense), le sang plus affiné des races caucasiques avait déjà été infusé aux Noirs du Soudan. Déjà des peuplades blanches venues du Nord et de l'Est s'étaient répandues dans les pays du Niger. Sachant l'industrie de la poterie, pratiquant le tissage des étoffes, apportant le mil, le riz, le blé, elles avaient initié à l'agriculture le Nègre, qui n'était qu'un sylvain vivant de racines et de chasse. Ces premiers immigrants blancs s'étaient fondus avec les aborigènes : une race nouvelle, améliorée, mais toujours noire, résulta de ce croisement.

Pour continuer la progression ascendante du Nigérien, il était nécessaire que les éléments d'affinement se renouvelassent, que le sang des races blanches reparût dans la vallée. Grâce à l'arrivée des Pasteurs, il s'y répandît à nouveau. Et l'on peut affirmer aujourd'hui, sans témérité, que par suite de ces deux invasions blanches, il n'existe plus au Soudan un seul nègre de sang pur, plus un seul nègre dans les veines duquel le sang caucasique ne coule, plus ou moins.

Les Noirs restés le plus près de l'ethnique originelle se rencontrent dans la Grande-Forêt, qui sépare les pays du Niger de la côte Atlantique : j'ai observé ces populations dans un voyage à travers la sylve du Haut-Dahomey. Leur habitat, très difficile d'accès, très propice à la fuite, est, en outre, mortel aux troupeaux : elles doivent certainement à ces particularités des infusions moindres de sang blanc. Ces isolés ne subirent guère que l'influence de la première invasion blanche, et indirectement, sans doute, par des rapts de femmes et d'enfants, qu'ils pratiquent encore de nos jours.

Leur pureté relative, regrettable en ce sens qu'ils constituent un élément très arriéré, est précieuse à d'autres égards. Elle permet de remonter au type du nègre primitif. Le sylvain de la Grande-Forêt est court et trapu. Et ces caractéristiques nous conduisent à désigner comme les autochtones de l'Afrique ces peuplades noires que l'on appelle aujourd'hui *les négrilles*, les Pygmées d'Hérodote, — ces pygmées dont les forêts du Congo recèlent présentement encore d'assez nombreux individus.

Cet exposé des origines de la race nègre, de la progression ascendante du Nigérien, de son affinement par deux invasions de race blanche, l'une de cultivateurs, l'autre de Pasteurs — exposé qui est fait pour la première fois — n'est point une digression indifférente. Qui ne connaît cette évolution ethnique ne saurait comprendre ces populations du Niger.

L'Européen débarque généralement en Afrique avec l'idée préconçue d'y trouver un être inférieur, une brute, de la pâte à ilotes, une bête humaine pour plantations de coton, de café ou de cacao. Nos temps ont fait disparaître le négrier. Mais le préjugé du « bois d'ébène » a survécu.

A prendre contact avec les populations du Niger, le nouveau venu ne tarde pas à devenir perplexe. Pour peu qu'il soit observateur, il distingue en note dominante (encore que non générale) un beau type humain, élancé, d'anatomie superbe sous la peau noire. Les traits n'ont rien de bestial, leur prognathisme n'est point choquant.

Si, par ailleurs, l'Européen ne devient la proie du « cafard » (ce qui est le terme, au Soudan, pour désigner la neurasthénie), il découvre bientôt, parmi les Nigériens du type dominant, des individualités de cérébralité très voisine de la sienne, chez qui l'intelligence et le bon sens voisinent avec le jugement, le tact et la finesse, dont il se sent plus proche que de certains blancs, que d'un Poméranien ou d'un Lapon par exemple. Et de telles individualités ne sont nullement trouvailles rares pour qui n'est point trop infatué, pour qui sait faire causer en confiance l'indigène, sait l'écouter, et, en le jugeant, sait faire la part des mœurs et coutumes locales.

Puis, si ces observations ont piqué sa curiosité, les vieilles chroniques soudanaises (en partie traduites aujourd'hui) peuvent lui conter que, sur les rives du Niger, un jour ont surgi des empires, dont certains monarques, comme cet Askia le Grand déjà nommé, se montrèrent des politiques remarquables ; ont prospéré des sociétés parfaitement organisées, qui avaient prévu jusqu'à l'unification des poids et mesures! Et le Soudan vécut ces civilisations alors que l'Europe se mouvait encore dans les brumes du Moyen Age.

Présent et passé, tous deux si déconcertants pour les préjugés de l'Européen, trouvent une très simple explication en cette évolution ethnique dont l'exposé m'a attardé et à laquelle participèrent, en seconde main, les Nomades.

Mais si l'amélioration de la race soudanaise trouva quelque profit à l'invasion des Pasteurs, si, inconsciemment, ceux-ci jouèrent au Niger un rôle ethnique très estimable, bienfaisant même, leurs actes intentionnels se distinguèrent par rien moins que des bienfaits! Leur rôle social fut déplorable — anarchique. Dès que ces tribus fuyant devant la sécheresse croissante du Sahara, dès que ces affamés à la recherche d'un Pays de Chanaan eurent atteint la terre de leurs rêves, ils s'y montrèrent des oppresseurs sans pitié, d'insatiables pillards, des bandits.

L'invasion des Nomades au Soudan présente une curieuse analogie avec l'apparition des Normands dans l'Europe continentale. Les uns et les autres visaient l'homme de la glèbe, immobilisé, rivé à sa demeure, à sa famille, à ses champs, à ses greniers. Les uns et les autres avaient déjà dégagé cette loi de stratégie que l'immobilité conduit à la défaite. Leur force principale était moins le nombre que la mobilité, la surprise, puis la fuite à travers un élément nullement familier à leurs victimes.

Pour ces tactiques les Normands disposaient de la mer, des fleuves, et des barques. Les Nomades usaient de la brousse saharienne, de chevaux, et de méharis. Leurs femmes, les enfants, les biens, étaient dissimulés loin en arrière, dans quelque anse solitaire pour les premiers, dans quelque repli de la steppe pour les seconds. Toujours insaisissables, ils demeuraient victorieux toujours.

Mais le Nord de l'Europe cessa bientôt de répandre ses hordes de Normands, tandis que du Nord de l'Afrique les tribus de nomades ne cessèrent de descendre vers le Soudan — car le déménagement du Sahara ne se fit que progressivement, ainsi qu'y augmentait la sécheresse : l'envahissement de la boucle du Niger par les Touaregs ne date que de cent ans.

A travers les siècles, le rôle néfaste des Pasteurs n'a point varié. Brigands ils s'étaient montrés aux temps lointains de leur apparition, brigands nous les trouvâmes lors de la conquête. On ne saurait parler de rien au Soudan sans être obligé d'y mentionner quelqu'un de leurs méfaits : c'est ainsi que j'ai été contraint de parler d'eux à chaque moment de ce récit.

Comment les Nomades prirent-ils notre installation? Fort mal, cela va de soi : on ne renonce pas bénévolement à enlever des esclaves, des femmes et des enfants, ni à prélever des rentes sur des fermes qui ne vous ont rien coûté. Il faut le reconnaître aujourd'hui : dompter les Nomades constitua la difficulté véritable, la tâche importante et longue de la conquête du Soudan.

Le désastre Bonnier et d'autres, moindres, marquèrent fâcheusement les premiers contacts. Nous escomptions trop la seule supériorité de notre armement, du fusil sur la lance. On ne vit point que notre excellent fantassin soudanais n'était pas la troupe qu'il fallait contre les tactiques de la mobilité extrême. Les mêmes éléments qui avaient fait la force des Nomades contre les sédentaires, se montrèrent, quelque temps encore, parfaits contre nous. Les pillards restaient insaisissables : nous ne pouvions être partout; toujours le mauvais coup se faisait où nous n'étions pas. Et puis, à nous aussi, la poursuite dans l'inconnu de la steppe saharienne faisait peur.

Peu à peu la topographie de ce pays étrange nous devint familière. On repéra ses points d'eau, ainsi que ses pâturages qui sont le *home* du Nomade : là se trouvent ses tentes et ses troupeaux. On comprit qu'il fallait frapper en ce point vulnérable, et non courir après les bandes de pillards. D'autres points faibles se montrèrent : à époque fixe les tribus avaient besoin de se ravitailler en grains; à époque fixe encore, en saison sèche, il leur importait de se rapprocher du Niger pour abreuver le bétail. Ainsi se trouvèrent repérés ces vagabonds.

Il nous restait à acquérir, à notre tour, la mobilité. D'abord, au lieu du fantassin, on multiplia les Spahis sur nos confins sahariens. Puis, des corps de Méharistes furent créés. Nous allâmes battre la steppe, au loin. On montra le drapeau tricolore à Araouan, et jusqu'à Taoudenni, la ville du sel, à 800 kilomètres de Tombouctou, dans le Désert. Tous virent que, nous aussi, nous pouvions user de la surprise. La lutte s'engageait maintenant à tactique égale; l'armement restait supérieur chez nous. Dès lors, la question des Nomades commença d'être résolue.

Mais longtemps encore cette question restera la tâche difficile, compliquée, de notre domination. L'opinion publique doit en être instruite pour ne se point émouvoir d'inévitables incidents. Longtemps Touaregs, Maures, Peulhs seront le feu qui couve sous la cendre et qu'une aile de phalène suffit à raviver. L'Europe fut longue à calmer la turbulence des Normands!

Aussitôt que l'on put causer avec les Nomades, c'est-à-dire quand notre suprématie commença de s'affirmer, il leur fut exposé que nous n'avions de haine pour personne : la prospérité et le sort des tentes nous intéressaient à l'égal de la sécurité du sédentaire ; le désordre et le pillage, seuls, seraient combattus à outrance. On précisa, d'ailleurs, que les razzias de tribu à tribu ne seraient pas plus tolérées que les attentats contre le cultivateur.

Ce rôle de petit manteau bleu parut fort étrange à leur mentalité : les uns n'y virent d'abord qu'une de ces ruses familières à leur esprit; d'autres opinaient que cette modération était un aveu de notre impuissance. Et à tout moment c'était quelque nouvelle turbulence. Il y avait de quoi décourager les mieux intentionnés! Un instant, on songea à les rejeter tous, purement et simplement, dans le Désert, où leur serait advenu ce qu'ils avaient mérité.

C'eût été une faute au point de vue ethnique, la vallée du Niger ayant besoin de sang affinateur. C'eût été une faute économique encore, parce que le Soudan aurait été privé d'un élément de prospérité. Une politique de patience et de fermeté mitigées ayant prévalu, on ne tarda pas à s'en féliciter. Un beau jour, la colonie se trouva à la tête de richesses inattendues, inespérées, sous forme de troupeaux immenses.

Il est une époque de l'année où l'on peut, sans courir les pâturages, évaluer ces richesses. C'est précisément ce mois de janvier où je navigue : la saison sèche oblige les Pasteurs à prendre leurs cantonnements le long du fleuve, jusqu'à ce que tombent les premières pluies. Tentes et bêtes peuvent se compter à loisir sur les rives.

J'ai accompli ce même trajet fluvial il y a quinze ans et vers la même saison. Ma surprise est grande : où paissaient des troupeaux de cinquante à cent têtes, c'est par milliers qu'elles se chiffrent aujourd'hui...

## XI

A l'approche du soir, notre petit vapeur s'en va frisant les berges. L'heure de l'abreuvoir est venue. Un des très beaux tableaux nigériens se déroule.

Le paysage est d'un thème sévère, fait de trois éléments monotones, une ligne d'eau, une ligne de steppe, une ligne de ciel. Mais le crépuscule enveloppe de douceur cette sévérité, plaquant le Niger de moires et d'irisations tendres, prêtant à la terre des tons veloutés et profonds, épandant sur le firmament les coloris mourants et confus des funérailles de la lumière. Devant l'auge immense du fleuve les troupeaux se penchent, et semblent une foule inclinée en dévotions à Phébus mort.

Les bœufs-zébus, desquels le bel air s'affirme en

bosses proéminentes, s'entremêlent de chevaux libres, de moutons, de chèvres. En marge, des cavaliers papillonnent, mettant de l'ordre, rassemblant les retardataires la lance au poing. Voilà évoquées les courses de taureaux et leurs picadors. Ce n'est pas sans quelque raison. Certains de ces Nomades soudanais sont frères de race avec ces Maures qui initièrent les Ibères à la tauromachie, et même certaines tribus, aujourd'hui nigériennes, ont caracolé jadis dans les pâturages d'Andalousie.

Notre vedette passe ainsi devant des rassemblements de bétail, comme il ne s'en voit, pour le nombre, que dans l'Argentine. J'en ai admiré dont les bêtes comptaient plusieurs rangs en profondeur, et qui, en longueur, occupaient cependant un kilomètre et plus.

Un soir, comme nous passions en vue d'un de ces troupeaux, le mécanicien du bord, en manière de plaisanterie, fit jouer tout à coup la sirène. Ce fut alors le plus émouvant des spectacles : vaches, veaux, génisses de détaler vers la steppe, éperdument. Les taureaux au contraire s'élancèrent sur le bord de la rive, se campant face à nous, les cornes baissées, prêts à la charge, formant une muraille vivante pour protéger ces dames et ces demoiselles contre le monstre inconnu aux hurlements affolants.

Comment s'est accompli ce miracle de la multiplication du bétail ? Pour la concevoir il importe d'être attentif à la psychologie du Pasteur, dont le type a disparu de nos sociétés septentrionales.

Le Pasteur est « l'homme du troupeau » ainsi que le paysan est l'homme de la terre. Ce dernier aime à concevoir la terre, essence de sa vie, comme une entité personnifiée. Il lui garde une part de ces sentiments suprêmes, affection, amour, tendresse, que nous réservons à nos proches, à nos amis. Il sait s'imposer des privations pour en acquérir un lopin de plus. D'avoir été contraint d'en vendre une parcelle, certains languissent et meurent.

La mentalité du Pasteur n'est pas sans analogies. Ses bœufs forment part dans l'heur et le malheur de sa vie. Quand la razzia ou l'épidémie décime le troupeau, il demeure frappé, imaginant que quelque maléfice s'est abattu sur lui-même, et, démoralisé, il dépérit. Dans ce milieu primitif le bœuf représente la monnaie d'or : l'amour du gros bétail y serait-il frère de la tendresse d'Harpagon pour sa cassette? Tout au fond des choses la pensée d'intérêt n'est pas absente, sans doute. Mais, en vérité, il n'y paraît pas. L'inéluctable nécessité, seule, amène le Pasteur à des réalisations. Littéralement, il répugne à vendre ses bœufs. Vous entendez peut-être qu'à défaut de la bourse, l'estomac provoque ses attendrissements? Son ordinaire se compose de lait ; en tant que viande, il se contente de moutons et de chèvres coriaces. Quant aux bœufs, il n'en abat que dans des circonstances solennelles et rares.

Il semble bien que l'homme du troupeau affectionne pour eux-mêmes ses bœufs, qu'il les aime un peu à la façon abstraite des êtres chéris qui partagent sa tente. Se plaisant à les contempler, aimant à faire étalage de leur nombre, il en tire cette même joie que l'homme de la terre ressent de son « bien au soleil ».

Pratiquées dans une ère de paix, ces mœurs d'accumulation contemplative ne pouvaient manquer de créer des troupeaux considérables. Adonc la gent pouilleuse des Nomades nous récompensa magnifiquement d'avoir mis fin à l'état de guerre dont les marches et contremarches décimaient le bétail éreinté, et d'avoir interdit les razzias de tribu à tribu qui désorganisaient les troupeaux et faisaient périr nombre de bêtes sans profit pour personne.

Mais un autre facteur, dû aux bienfaits de notre domination également, coopéra à la multiplication du bétail : la suppression de l'esclavage domestique. L'inattendu de son intervention nécessite quelques éclaircissements.

Dans la société soudanaise l'esclave ou captif correspondait, à proprement dire, au serf de nos sociétés disparues. Il correspondait en outre à une institution de nos sociétés modernes, — à la caisse d'épargne! Ses bénéfices agricoles ou commerciaux permettaientils au sédentaire de réaliser des économies, il s'empressait d'acheter un serf.

La libération des serfs créa une perturbation économique, cela va sans dire. Il fallut léser nos alliés de la première heure et nos vieux serviteurs, à l'égal de ceux qui avaient combattu notre venue. Ce fut pénible, souvent, d'entendre évoquer les engagements pris, les services rendus. En certains cas, une indemnité eût été de stricte justice : la meilleure des causes ne saurait exiger l'appoint de l'ingratitude! Tous se résignèrent néanmoins, et sans révolte. On sut éviter, il est vrai, d'appliquer trop brusquement cette mesure humanitaire. Mais, tôt ou tard, chacun se trouva dépouillé du gros de ses économies. Du coup, l'on pouvait craindre que la force d'épargne fût détruite au Soudan.

L'instinct social l'emporta sur le découragement : ceci est à retenir en faveur de l'indigène, en même temps que sa soumission à notre réforme.

A l'heure actuelle la suppression de l'esclavage domestique est un problème résolu sous toutes ses faces. Une partie des affranchis s'est établie à son compte. D'autres continuent à seconder leurs anciens maîtres moyennant salaires assurés par des contrats de travail. De nouvelles économies se sont constituées. Et ces fonds disponibles ne pouvant aller à des achats d'esclaves, le sédentaire s'est très judicieusement avisé de les placer... en bétail. Un troupeau n'est-il pas le premier en date de tous les titres de rente, dont veaux, agneaux ou chevreaux constituent les coupons?

Or, le Soudanais n'entend rien à l'élevage. Bien plus, aux bêtes même élevées et adultes, gros bétail ou menu, il ne sait témoigner ni attention ni soins. Le sens des animaux domestiques paraît lui faire défaut. La constatation est curieuse. Sans doute trouve-t-elle son explication dans l'atavisme : j'ai dit qu'à l'origine, nul des animaux qui composent le bétail ne faisait partie de la faune africaine.

Le sédentaire résolut la question par des accords avec les Nomades, et en particulier avec les Peulhs. Certains vinrent se louer aux villages comme bergers, d'autres acceptèrent de faire paître avec les leurs, contre redevance, les bêtes du sédentaire.

Et ainsi les troupeaux déjà considérables des Pasteurs se trouvèrent renforcés encore, tandis que certaines contrées, comme les pays bambaras, qui ne possédaient pas de bétail, en furent pourvus.

On pourrait penser qu'il y eut pléthore, et que le prix des animaux s'avilit. La paix française, qui avait fait surgir ces richesses, leur trouva des débouchés, et très rémunérateurs.

Au Sud, le Soudan confine à des régions pour ainsi dire interdites à l'élevage. La chaleur humide du climat, les multiples insectes qui torturent les animaux, la mouche tsé-tsé, les herbes vénéneuses des grandes forêts, sont les obstacles. La chèvre seule se défend, là comme partout. Les autres bestiaux, en nombre infime, ne parviennent à vivre qu'au prix d'une dégénérescence profonde. Les bœufs se reproduisent minuscules. On concevra qu'en ces pays se trouvent les derniers anthropophages!

Notre Dahomey et notre Côte d'Ivoire, la Nigeria et la Gold-Coast anglaises, le Togo allemand, composent cette zone. Le commerce européen y vient chercher l'huile de palmes, des bois précieux et autres produits de prix. L'argent, et l'acheteur, par conséquence, ne manquent pas. Aussi le bétail atteint-il en ces pays une valeur fort élevée. La demande du consommateur est toujours supérieure à l'offre. Mais l'insécurité absolue des chemins avait empêché les Soudanais de profiter de ce marché séduisant.

Notre domination a ouvert les routes. De grands convois de bestiaux y circulent maintenant, et, bien que le déchet se montre considérable à l'arrivée, par suite des trajets longs et du climat funeste, ils laissent de beaux bénéfices. Les Européens s'adonnent à ce trafic concurremment avec les indigènes haoussas, et j'ai plaisir à constater que non seulement nos compatriotes sont fort bien accueillis par les officiers des postes anglais, mais que leurs efforts y sont grandement facilités.

Les convois se forment, au centre de la boucle du Niger, dans ce pays merveilleux nommé le Mossi. A

SUR LE NIGER.

Capture d'un lamentin.

Ouadadougou et à Ouaïgouya les bêtes achetées dans le Nord du Soudan sont rassemblées et parfois engraissées. Elles ont été acquises chez les Nomades à un taux qui fera sourire. Pour le prix de deux côtelettes en France, on achète là-bas un mouton (1 fr. 50 à 2 fr. 50); pour le prix de deux roast-beefs on a un bœuf (15 fr. à 25 fr.). J'ajoute que si le mouton ne rappelle pas au gourmet nos prés-salés, en revanche, le bœuf ne manque pas de qualité.

Rendues à la côte, les bêtes ont presque *décuplé* de valeur! Elles y sont payées en belle monnaie d'or, et ceci est l'explication des livres sterling qui circulent couramment à Tombouctou et au Mossi. Pourtant, en dépit de son actuelle prospérité, l'exportation du bétail n'aura sa véritable portée que le jour où les chemins de fer côtiers permettront un transport rapide et sans déchet.

Au Dahomey, à la Côte d'Ivoire, et en Guinée, la France a amorcé, — sortes de tentacules économiques — des voies ferrées de pénétration vers le Soudan. De ces trois voies celle dont l'achèvement semble le plus urgent, pour l'élevage soudanais, est le chemin de fer du Dahomey. Parvenu au point de Parakou, il devrait être orienté d'abord vers le Mossi, plutôt que dans la direction de Karimama. On s'est, très justement, montré inquiet sur le fret de retour, éventuel à cette ligne. De vrai, la région de Karimama n'en donnera guère. Mais le Mossi en assurera toujours.

Toute la côte africaine, depuis Dakar jusque loin dans le Sud, manque de bétail. Dès que le rail permettra de franchir aisément la zone dangereuse et onéreuse de la Grande-Forêt, des transports par mer viendront augmenter les demandes. Les bœufs nigériens alimenteront non seulement les colonies diverses du Golfe de Guinée, mais le Congo français, le Congo belge, et sans doute, l'Europe même, — quand sera achevée la ligne de Thiès-Kayes qui enfin reliera normalement le Niger au grand port de Dakar. En l'état actuel des choses, tout à fait impratique, des convois de bétail nigérien n'ont-ils pas déjà pris le chemin du Sénégal !

J'avais pressenti et écrit jadis qu'un bel avenir était réservé à l'élevage soudanais. J'étais loin, toutefois, d'entrevoir des horizons d'exportation aussi vastes. Mes courtes vues s'étaient arrêtées à l'exploitation de la laine et des cuirs.

Les Européens du Niger n'ont eu garde de négliger ces indications. Des balles de laine et de cuir sont parvenues sur le marché français. Mais le commerce de ces deux articles n'est pas encore au point. Ce qui s'est passé pour la laine mérite toute curiosité : les faits se grouperont opportunément à côté de la lamentable histoire des aigrettes.

La laine valait au début 5 centimes le kilogramme. En moins d'une année, non pas les pasteurs, mais les commerçants firent monter les prix à 60 centimes, se jalousant, se bousculant en concurrence. Dès lors, le pasteur fut atteint de vertige à son tour. Au lieu des tontes coutumières, biannuelles, il en fit à tort et à travers. Ce ne fut plus de la laine qu'il obtint, mais un poil sans valeur. La marchandise se trouva grandement dépréciée sur les marchés d'Europe.

Pour les cuirs, la même concurrence rageuse se manifesta, qui faussa les prix. Par contre, on ne donna qu'une attention distraite à la préparation des peaux, qui parvinrent avariées. Et ainsi, dans les deux cas, avec de justes et excellentes données, on arriva à des résultats piteux et faux.

Une véritable leçon de choses se montre ici : le colonial imagine volontiers que l'initiative et l'allant, le *go ahead!* suffisent dans les entreprises aux colonies, et que l'étude des questions, l'observation de certaines lois, invariables quels que soient les milieux ou les circonstances, y sont choses superflues ou accessoires. Plus d'une fois encore nous aurons à noter de semblables errements au Soudan.

La bergerie gouvernementale de Niafouké est destinée à remettre les choses en bon point. Les croisements des béliers algériens et espagnols avec les races indigènes vont améliorer les toisons. On s'efforce également d'y faire l'éducation du Nomade, lui montrant ses véritables intérêts, et le souci que nous en prenons. Après l'avoir dompté, on tente de l'apprivoiser, de transformer le collaborateur contraint de notre œuvre en collaborateur conscient.

Présentement, certaines tribus acquittent plus ou moins régulièrement une capitation de deux francs. Les plaintes des sédentaires contre les Pasteurs deviennent rares. En quelques régions tous deux vivent sur un pied excellent, et le Nomade paie même une dîme de pacage à ses victimes d'autrefois.

Je ne sache pas que des Nomades aient été jusqu'à envoyer leurs enfants à une école française. Reconnaissant notre force, ils s'inclinent, mais s'attachent à rester en dehors de notre influence immédiate. Des symptômes d'évolution se manifestent, néanmoins. Du fait de leurs richesses ils s'« embourgeoisent », du fait de leurs troupeaux grandissants ils s'alourdissent, sont contraints de limiter leurs vagabondages, de se localiser, — ce qui, pour des Nomades, est la façon de se fixer. Les contacts avec nos autorités deviennent donc plus faciles et plus fréquents. Je me plais à répéter cependant : l'apprivoisement des Nomades sera tâche longue, très longue, et les à-coups ne manqueront pas.

Un jour, nous causions avec un vieux chef peuhl du Massina, Bokari Semba, très ostensiblement rallié à notre cause. Il suivait sa pensée, qui s'échappait en boutades brèves, et disait : « Nous marchions fiers dans la vie... Les temps présents sont bien singuliers. L'esclave n'obéit plus à son maître. Ni à la mère, la fille. Ni le fils au père. Je ne connais plus les grandes randonnées. J'ai oublié les razzias audacieuses. Tu me demandes ce que je deviens? Que puis-je devenir? je reste au cul de mes vaches! » Et il y avait beaucoup de mélancolie dans ce rude propos de berger...

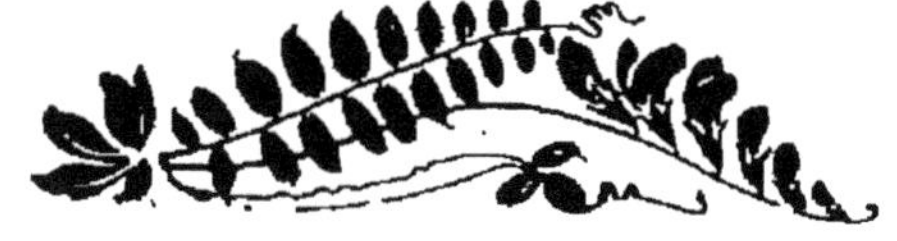

## XII

Au confluent du Niger et du Bani était une petite île du nom de Mopti.

Sur sa berge, auprès d'un grand et bel arbre en coupole, se dressait il y a quinze ans une hutte spacieuse, mais faite de terre et de paille, arborant un pavillon tricolore.

Cette hutte est restée indélébile dans ma mémoire, pour quelque chose de truqué, de machiné, de fantastique par quoi elle me frappa au débarqué : deux fils, encore visibles, semblaient l'avoir descendue du ciel sur cette berge, deux fils en fer, lesquels la reliaient maintenant à deux directions opposées de l'horizon.

Ces fils étaient télégraphiques. Par conséquent, il y

avait également sur cette île un télégraphiste, seul Européen de ces lieux. Lui aussi avait quelque chose de fantastique : la multiplicité de ses occupations ! C'était un sous-officier, un de ces admirables Maître-Jacques, avec lesquels nous avons, à leur naissance, constitué l'ossature de nos colonies. Quand le toc-toc de l'appareil Morse ne le réclamait pas, il se muait en épicier, faisant des pesées de sucre, de café, de farine, de riz, de mil, de viande de conserve, etc. ! Car la hutte qui lui servait d'habitation et représentait en outre le bureau des postes et télégraphes, était également un magasin officiel où militaires et fonctionnaires de passage, Européens et indigènes, touchaient les rations nécessaires à leur route.

Entre temps, notre homme se transformait en Gouvernement, et initiait les noirs aux rouages variés de cette machine — tranchant des différends au nom de la Justice, percevant des impôts, en tant que Fisc, tenant des palabres comme un sous-préfet, rédigeant des rapports et dressant des états comme la foule des fonctionnaires. Pour brocher sur le tout, le sous-officier représentait aussi... l'Armée, ayant à sa disposition une escouade de tirailleurs soudanais. Enfin, n'oublions pas dans l'inventaire de l'île, au fond du décor, un village de nègres qui se tenait à distance respectueuse de la hutte aux fils mystérieux et de l'Européen-protée.

Voilà ce qu'était Mopti il y a quinze ans. Et l'île resta telle jusqu'aux environs de l'an 1902. En ce temps-là, on sut que le chemin de fer du Sénégal-Niger ne pouvait tarder d'atteindre son terminus dans la vallée de Niger, vous savez? ce chemin de fer dont j'avais dit, jadis, que sans lui toutes les richesses du Soudan demeureraient vaines. Alors, une nouvelle note fantastique se manifesta à Mopti : d'une année à l'autre, une petite ville européenne y surgit.

Il est opportun de constater qu'à Mopti nous sommes parvenus en arrière des Marches du Soudan, où la colonie fait des sacrifices d'hommes et d'argent. A l'abri de ces Marches, derrière les sabres des spahis, les fusils des tirailleurs et les carabines des méharistes, se sont développés et ont prospéré les centres de richesse du Soudan. L'un des principaux est la région de Mopti. Autour de ce point s'étoilent quelques provinces des plus productives : Massina, Dienneri, Bourgou, Mossi, Segou, etc. Ce sont d'admirables pays agricoles.

Adonc en 1902, escomptant le prochain achèvement du chemin de fer, une grande poussée d'initiatives européennes se produisit dans la vallée du Niger. Au centre de régions fertiles, à mi-route entre le terminus du rail et Tombouctou, au milieu de la vallée du Niger, et au débouché de la riche vallée du Bâni, disposant, en tous sens, de « chemins qui marchent », Mopti et son admirable position de stratégie commerciale apparurent évidentes à tous.

Et aussitôt les Européens prirent d'assaut la petite île.

La voici méconnaissable aujourd'hui. Tout d'abord, à la place de la hutte s'élève, précédée d'un corps de garde, de bureaux, et d'un agréable jardin, une confortable Résidence. Un administrateur, des commis blancs et des employés noirs y remplacent le sous-officier-protée. Autour de ce groupe officiel, spectacle infiniment charmant à mes yeux de colonial, se pressent à l'envi les maisons de commerce et leurs dépendances, entrepôts, factoreries et boutiques. Toutes les grandes firmes du Soudan ont un représentant ici. Mais ce qui m'inspire plus encore, c'est l'apparition d'usines. On a industrialisé le décortiquage du riz, trop lent et trop coûteux avec les procédés primitifs des indigènes; par ailleurs, le coton a fait installer des égreneuses et des presses mécaniques. Je l'avoue, au risque du ridicule, j'eus un attendrissement devant la machine à vapeur du moulin qui blanchit et décortique le riz. Elle m'apparut comme le glorieux symbole d'une revanche, comme une récompense à ma vieille foi en ce pays que chacun proclamait une terre maudite...

Sur les berges, le Niger balance des chalands en fer et des remorqueurs à pétrole. Ainsi toute l'île a été envahie, occupée, a disparu sous des constructions.

Mais que dis-je? *l'île.* Mopti n'est plus une île? Le progrès l'a transformée en presqu'île. Une jetée de deux kilomètres la relie maintenant à la terre ferme.

Cette jetée représente la tête d'une route de 700 kilomètres. La partie difficile de celle-ci se trouve à 40 kilomètres de Mopti où la chaussée serpente à travers des rochers et de gros accidents de terrain. C'est une Majesté, Alfa Makital, ex-roi du Dinguiraï, qui fut l'agent voyer de ce passage difficultueux. Il en vint à bout avec un outillage rudimentaire de quelques barres à mines, pioches et pelles, et puis une énergie intense : tels sont, au Soudan, les badinages des rois en exil!

Le reste de la route est en terrain peu accidenté, et, surtout, ferrugineux, ce qui a permis des travaux plus sommaires. Il n'en faudrait pas déduire qu'il s'agit d'une simple piste. Ces sept cents kilomètres sont une vraie route, kilométrée, avec des fossés, des ponts en bois, et, aux étapes, des campements ou caravansérails. De la sorte, on peut gagner fort aisément Bandiagera d'abord, le chef-lieu du Massina, puis Ouaïgouya et Ouagadougou dans le Mossi.

Par terre comme par eau, le commerce de Mopti rayonne donc au loin.

Le trafic des céréales, riz et mil, y tient la première place : chemin de fer et navigation à vapeur lui ont permis de prendre tout son essor. Les provinces méridionales du Soudan manquent de vivres, leur population ayant considérablement augmenté d'une part, et de l'autre ayant négligé la culture pour s'adonner aux tâches, plus rémunératrices, de la récolte du caoutchouc et de l'extraction de l'or. Quelques chiffres diront tout l'attrait de ce commerce de grains. A Mopti, le riz décortiqué vaut 7 à 8 francs, le mil, 3 à 4 francs les cent kilos. A Koulikoro, tête de ligne du chemin de fer, ces prix se transforment, respectivement, en 25 francs et 12 francs.

Voilà des données qui jurent singulièrement avec les jugements d'antan, quand on estimait que « le seul commerce lucratif du Soudan était celui des esclaves et des munitions de guerre »; quand, parmi ses produits, on parlait de « quelques céréales sans valeur, insuffisantes à nourrir l'Européen ».

Peut-être se souvient-on également du colonel Frey statistiquant : « Sur 500 officiers du Soudan, 450 le déclarent un pays sans ressources, de longtemps sans avenir d'aucune sorte ».

Les années lui ont apporté le plus piquant des démentis. Sait-on qui envoie au Soudan d'incessantes recrues? L'élément militaire...

Oui, d'année en année, des officiers ou des sous-officiers viennent grossir le rang des commerçants. Préalablement, les uns et les autres ont fait dans le pays des stages qui leur ont appris à le connaître et, sans doute, à estimer ses ressources. Les officiers se font mettre en congé. Il en est de toutes les armes, infanterie, cavalerie, artillerie, voire de l'armée de mer! Un ancien officier de marine opère sur le lac Débo. Un ancien officier d'infanterie s'occupe plus spécialement du commerce de plumes d'autruche à Tombouctou. Un ancien officier d'artillerie s'adonne au caoutchouc dans le Sud. D'autres s'intéressent aux mines d'or, etc.

Quant aux sous-officiers, ceux que le Soudan a séduits s'y installent aussitôt terminé leur engagement quinquennal, et font fructifier leurs petites économies grossies de leurs pensions. Avec ces moyens modestes, et un peu de crédit, certains se sont trouvés en peu d'années à la tête d'établissements considérables, possédant chalands sur le Niger, et convois de voitures sur les routes.

L'administration civile, pareillement, laisse échapper des transfuges. Tel qui pratique le commerce du bétail entre le Mossi et les pays côtiers, est un ancien commis des postes et télégraphes. Tel autre qui a débuté, il y a huit ans, avec quelques milliers de francs, et possède aujourd'hui trois comptoirs sur le Bani, ainsi qu'une fortune convenable, est un ex-commis d'administration. A chaque instant, au surplus, des employés de grandes maisons de commerce s'installent et opèrent à leur compte.

Cependant, tous les tempéraments que le pays a

conquis, et qui, pour cela, y voudraient faire carrière, ne se reconnaissent pas des aptitudes commerciales. De là un autre chassé-croisé, celui de l'armée et même du commerce, vers les cadres administratifs de la colonie. Nombre d'officiers démissionnent et sont nommés administrateurs. Un commandant du génie de haute valeur a quitté l'épée pour devenir directeur des lignes ferrées et de navigation du Soudan. Des sous-officiers et des employés de factorerie sollicitent les secondaires des emplois civils.

Revenons au commerce de Mopti. Quelques curiosités s'y laisssent glaner encore.

A côté des Européens, une dizaine de Marocains se sont installés dans ces parages si éloignés du Maghreb. Le trafic du sel en gros est la base de leurs affaires. Mais surtout le commerce indigène proprement dit mérite attention.

Les gagne-petit et les colporteurs (*dioulas*) ne le composent pas uniquement, comme l'on pourrait croire. Il existe de grands commerçants nègres, qui ne le cèdent en rien aux importants des négociants européens. Je vais esquisser la silhouette de l'un d'entre eux. On verra combien les concepts simplistes de « sauvages » et de « bois d'ébène » correspondent peu aux noirs du Niger.

Dianguina-Koné est installé à Kaka, sur les bords du Bani. Il trafique de tout, marchandises européennes comme produits indigènes, et envoie aussi bien des céréales au chemin de fer que des bœufs chez les Anglais de la Gold-Coast. Il possède une véritable flotte dans la vallée du Niger. Quarante grands chalands, montés par 8 à 10 hommes chacun, sont continuellement en marche pour lui entre Tombouctou, Mopti, Dienné, Sofara, Kaka ou Koulikoro. Une fortune liquide de plusieurs centaines de mille francs lui permet de spéculer sur le sel (l'un des principaux articles du commerce soudanais) et d'en accaparer de grands stocks. Et ce nègre taille volontiers des croupières aux Marocains, ses concurrents. Il commande, directement, en France ses marchandises européennes. On lui demandait un jour comment il tenait ses écritures, sa comptabilité. « Dans ma tête, » fit-il bien simplement.

La famille de Dianguina-Koné est nombreuse comme ses affaires. Il est le père actuellement d'une quarantaine d'enfants. Je dis « actuellement », car la polygamie ne permet jamais de donner des chiffres définitifs en ces matières. Cette progéniture multiple lui est un appoint admirable dans son négoce. Il la dresse avec une méthode qui est à noter. Les jeunes font apprentissage auprès de leur père, à Kaka. Les aînés vont diriger, tour à tour, les comptoirs qu'il a établis un peu partout dans la vallée du Niger. Tour à tour également ils effectuent des voyages d'affaires à travers le Soudan et jusqu'à la côte. Ainsi stylés, les jeunes gens deviennent à la fois des hommes utiles et des auxiliaires précieux. La mentalité de ce parvenu nègre pourrait être comparée avec celle de nos parvenus européens ou américains, sans trop de désavantage, n'est-ce pas?

En juin 1907, Dianguina-Koné se mit en tête de parcourir le monde, encore qu'il cheminât déjà dans la seconde partie de la vie. Quand un musulman est piqué par la tarentule des voyages, son terminus est invariable : il met le cap sur La Mecque. Notre Soudanais prit donc la route d'Arabie, mais au vieil itinéraire des pèlerins, par le lac Tchad et l'Égypte, il préféra la route moderne aux longs détours, par Dakar et la Méditerranée, avec chemins de fer et paquebots. Vous pensez qu'il voyagea en nabab, ainsi que sa fortune le lui permettait, peut-être en roi nègre d'opérette? Il partit discrètement, et tout seul, ne s'accordant que le confort des honnêtes gens. Crochet sur Marseille et arrêt, le temps de prendre un peu de repos et de causer avec ses fournisseurs. A La Mecque il faillit attraper la peste. Les siens étaient tenus au courant de toutes ses étapes par des télégrammes et des câblogrammes qui furent le grand luxe de son voyage. Après treize mois d'absence, discrètement il réintégra Kaka, et, comme s'il venait de visiter un de ses comptoirs lointains, reprit le courant de ses négoces.

On apprendra sans surprise que Dianguina-Koné, tels les autres grands commerçants noirs, nous est totalement dévoué, en raison de la sécurité personnelle dont il jouit, et de la paix qui favorise si bien ses affaires — toutes choses inconnues à ses collègues et à lui, avant la domination française.

## XIII

J'entends beaucoup parler, à Mopti, de certain colon. Il jouit dans la région d'une popularité du meilleur aloi, parmi les indigènes et auprès des Européens. Les premiers le nomment *Cheffou,* les seconds le *Roi de Mopti.* Il habite une île voisine de Mopti, et en aval. Je vais aller causer avec lui.

Une pirogue, et dix minutes : nous accostons. Près de l'eau, une maison en pisé, selon les matériaux locaux, mais agréablement ornementée, forme un plaisant tableau avec de grands arbres qui jonchent d'ombre bleue ses abords. Je franchis le seuil à la coloniale, sans attendre que quelqu'un vienne m'annoncer, et, vaguant d'une pièce à l'autre, je finis par tomber sur un quidam auquel je me nomme.

— Inutile ! me fait-il aussitôt. Je vous ai reconnu...

Mais vous? Vous ne vous souvenez plus de moi, à ce que je vois. Hé! Hé! »

— ...?

— « Brigadier Mourot... A Dioubéba... Chef de garc... »

— ...?

— « Voyons! Le boudin!... Cet excellent boudin dont vous nous avez régalés mon camarade et moi, il y a quinze ans... On ne savait plus ce que c'était que du boudin! Nous en avons parlé longtemps, et de vous aussi! »

Certainement son souvenir me revient petit à petit. Non à cause du boudin, par exemple! Dans le fin fond des remembrances il me réapparaît associé à un... hippopotame. Parfaitement! C'est un type que j'ai crayonné ainsi dans mes notes d'autrefois :

« A Dioubéba où se termine le rail, je trouve deux Européens, un brigadier d'artillerie faisant fonctions de chef de gare, et un sapeur qui, tout en le secondant, s'occupe du télégraphe. Ils vivent là parfaitement heureux, à ce qu'ils assurent. Ils sont mariés (à la mode du pays) avec de petites indigènes très gaies qui se font mille gentilles manières.

« Leur société est complétée par *Bibi,* un jeune hippopotame naguère capturé et très bien apprivoisé maintenant. Avec une discrétion insoupçonnable chez un pareil animal, pour ne gêner en rien ses maîtres dans leurs occupations, il passait ses journées au fond de la rivière. Voulait-on s'en amuser, on allait sur la berge et on appelait : Bibi! Bibi! Bientôt la tête rose de Bibi émergeait et vous cherchait de ses petits yeux noirs, puis frétillant et ruisselant, il accourait se faire caresser[1]. »

D'une minute à l'autre nous voilà intimes. Des copains de quinze ans, vous pensez! Et puis il y a entre nous ce boudin, rare festin dans le Soudan vierge d'autrefois, ce boudin d'antan qui exhale jusques aujourd'hui l'encens de la reconnaissance!

Des cigarettes, des verres, des bouteilles, les coudes sur la table, et je bois... ses paroles.

« Tout de même, comment me trouvez-vous après quinze ans passés au Soudan? commence-t-il. N'ai-je pas l'air d'attaque, hein? Jamais de fièvres. Une seule chose me turlupine : des symptômes de goutte. C'est pourquoi je trinque avec de la grenadine. L'alcool est radicalement supprimé. Et ça va beaucoup mieux. La goutte, c'est la seule chose pour laquelle j'aie vu le médecin depuis que je suis au Soudan!

« Croyez-vous qu'on leur a assez monté le coup, en France, avec ce croquemitaine de pays? Que j'ai ri souvent, à lire les esbrouffes et les lamentations publiées à son sujet! Ah! la « terre de mort ». Ah! « l'infernale fournaise ». Ohé! les serpents venimeux

1. *Tombouctou la Mystérieuse.*

qui vous foudroient! Ohé! les lions et les hyènes qui vous croquent!

« Laissons de côté les temps où l'Européen avait à subir les risques de guerre, le surmenage et les privations des troupes en colonne. C'est presque de l'histoire ancienne. Prenons l'état actuel des choses. Je peux dire la bonne aventure à chacun, quand il arrive : j'ai vu passer assez de gens depuis quinze ans!

« Quels sont ceux qui risquent de laisser leur peau dans ce pays? D'abord ceux qui y viennent en corvée. Vous n'aimez ni les colonies, ni la vie coloniale. Vous êtes attiré par les fortes soldes coloniales, question de dettes à éteindre ou d'économies à amasser. Les journées se passent à maugréer et à regretter. Dès l'arrivée, on ne pense qu'au retour — et *on y reste!* De même ceux qui veulent brûler la chandelle par les deux bouts, et passent leurs nuits à boire, à jouer, à l'affût, et autres excentricités qui ne valent rien à personne, même chez nous. A ces fanfarons, il faut ajouter les capons, ceux qui ont pris au sérieux toutes les sottises débitées sur le pays, qui n'osent plus bouger ni mettre le nez au soleil. Ils finissent par s'en aller en rouille et en moisissure à force de précautions.

« Mais prenez-moi un homme sain, avec les idées d'aplomb. Pour celui-là je réponds de la casse. Voyons, suis-je un phénomène, moi? Bien sûr que non! Seulement, à mon arrivée ici, je ne me suis pas mis à pleurnicher en pensant aux jupes de maman. On m'a mis au chemin de fer. J'ai pris à cœur mes wagons, mes rails, mes aiguilles et mes colis. Mes voyageurs aussi. Comme vous savez, j'aimais à leur donner un coup de main si c'était nécessaire. Après cela on m'a mis chef de poste, et télégraphiste. Mes paperasses, mon appareil et mes administrés m'ont absorbé. Enfin, quand j'ai quitté le service, je me suis passionné pour mes entreprises personnelles. De cette façon, on n'a le temps de penser ni au trac, ni aux fanfaronnades. Le « cafard » n'a pas de prise non plus. Et quand le moral est bon, la santé emboîte le pas.

« Le soleil? Avec un bon casque, il n'a jamais fait de mal à personne. Le climat? Bien sûr, il y a des endroits malsains, marécageux, au Soudan. Mais c'est l'exception, comme la Camargue, la Saintonge, la Sologne, etc... en France, comme il y a de mauvais pays dans n'importe quelle contrée du monde. Aussi certaines saisons sont moins favorables à la santé que d'autres, tel l'hiver en France et l'hivernage au Soudan. Dans les deux cas il faut se surveiller un peu, ici de même que chez nous, prendre les conseils du médecin ou d'un habitué du pays, deux ou trois conseils très simples comme lorsqu'on vous dit en France : évitez les courants d'air si vous êtes en nage.

« Pour moi, voilà ma formule : mangez bien, buvez bien, tenez le ventre libre, installez-vous convenablement, reposez-vous quand vous êtes fatigué, sans vous abrutir en siestes interminables, et, encore une fois, passionnez-vous pour votre besogne quelle qu'elle soit, donnez-lui toute votre activité, toutes vos pensées. Et n'importe qui se portera aussi bien que moi! »

De fait, Mourot a une mine superbe. Mais pour apprécier au juste cette prospérité physique, il faut connaître sa vie. Après nous être quittés à Dioubéba, il est resté au Soudan presque sans interruption. Depuis huit ans il n'était pas rentré en Europe, lorsque, en 1907, le gouverneur Ponty, plein d'une juste sollicitude, l'embarqua pour ainsi dire de force. Trois mois plus tard, il reparut au Niger « parce qu'il s'embêtait en France », et déclara net que son prochain voyage aurait lieu le plus tard possible.

Durant les dernières années de son congé, il avait été le Maître-Jacques du poste de Mopti. C'est alors qu'il commença de devenir populaire dans la région sous le nom de *Cheffou,* déformation indigène de son nouveau grade de maréchal des logis chef. Avant quiconque il apprécia les multiples ressources de cette partie du Soudan. Au moment de sa libération, en 1902, il songea donc à édifier sa vie civile dans ce milieu propice et sympathique.

A Mopti, l'avantage d'une installation insulaire

avait été grandement appréciée par lui : pas de voisins gênants ! Proche de Mopti, était un groupe d'îlots sans propriétaire. Il en demanda la concession, et s'établit dans le plus grand qui prit le nom pompeux de *Charlot-ville,* pour cette raison péremptoire qu'il me dit : « Charlot est le prénom familial des Mourot ».

Et alors il s'est avancé d'aplomb dans la vie de colon, comme une locomotive sur le rail. Issu de cette matière précieuse des Gaules avec laquelle la France a fait tour à tour le défricheur du Canada, les maréchaux et les grognards de la Grande Épopée, il incarne merveilleusement le type du débrouillard : ayant de la carrure et de la personnalité, un rude coup de collier dans la besogne, riche en idées, de l'entrain, aimant le boire, le manger, le rire et les femmes, — ne soupçonnant pas Schopenhauer ni la duperie de vivre !

Dans la discrétion de son île, il s'est laissé doucement aller aux penchants de son individualité. En effet, je le retrouve aujourd'hui avec les deux caractéristiques notées déjà il y a quinze ans : le mariage et l'élevage. Il leur a donné libre cours. Je dirai même qu'il leur a ouvert toutes les écluses...

Je l'ai laissé monogame. Je le retrouve polygame, à la tête de sept épouses noires, auxquelles il est uni en justes noces, suivant toutes les formalités et coutumes locales. On sait qu'il est fort aimé dans le pays. Aussi les meilleures familles indigènes se sont-elles fait honneur de lui donner leurs filles. Vous entendez bien qu'il n'a pas épousé en même temps, ni la même année, ses sept femmes. Mon ami Mourot n'est pas un satyre. Son foyer a grandi avec les ans, au gré des circonstances, ainsi que, peu à peu, se garnissent les rayons de l'oenophile.

Pour l'instant, il n'a que quinze enfants, bien venus et charmants, les fillettes surtout, de mignonnes mulâtresses aux cheveux blonds. En principe, il aimerait que chacune de ses femmes lui donnât un enfant chaque année. « Je ne commencerai d'être satisfait que lorsque le nombre de mes rejetons atteindra la deuxième douzaine, » opine-t-il.

Mesdames Mourot ont abandonné le pagne pour des ajustements européens, légers et simples. Néanmoins l'intérieur est organisé suivant la coutume indigène. A la tête de la maison se trouve celle de ses femmes qui a donné à Mourot son premier enfant. C'est la *maîtresse de case*. Elle administre et fait marcher cette grande famille qui est tout un petit monde. Les autres épouses, les mioches, les domestiques, tous se plient à ses directions et s'inclinent quand elle est forcée d'intervenir pour apaiser les petits et inévitables orages. On va rarement en appel devant le chef de la famille. Quand le mari est absent, au souci de l'intérieur, la maîtresse de case ajoute le soin des affaires extérieures, achète et vend,

Mon ami Mourot.

décide et tranche, le tout au mieux des intérêts familiaux.

Il m'a paru que l'intérieur de Mourot ne manquait ni d'agrément ni d'harmonie, n'en déplaise aux esprits chagrins qui, peut-être, soupireront au nom de la morale. Au fait, au nom de quelle morale? Erreur en deçà, peut-être vérité au delà. Quant à moi, la vie conçue par Mourot me semble toute normale — au Soudan.

Considérez que c'est la monogamie qui y constitue une singularité. Si l'on me pousse un peu, je déclarerai le cas admirable. Scientifiquement et politiquement il est inattaquable. Les sept Madames Mourot sont une contribution parfaite à l'affinement de la race noire, ou je ne m'y connais pas! D'autre part, s'étant allié régulièrement aux grandes familles du pays, Mourot a satisfait à un principe qui est parmi les premiers de notre programme colonial : l'assimilation des indigènes. Ces mariages ont été le couronnement de sa popularité. Et à cette popularité les Européens mêmes rendent hommage en ne désignant Mourot que sous le nom de « Roi de Mopti », qui parfaitement exprime et résume toutes choses.

Ainsi que le mariage, il pratique l'élevage en grand, seulement il ne s'agit plus d'hippopotames. Gros et petit bétail accaparent ses soins. Nous commençons le tour du propriétaire. Par-delà les enclosures de l'habitation, l'île nous apparaît toute pointillée des silhouettes éparses d'un vaste troupeau. Pour ce qui est des moutons, il a croisé les bêtes à laine du pays avec des béliers algériens. Son troupeau de gros bétail est presque uniquement composé de vaches, et, ce sachant, on devine sa valeur vénale considérable. Aux yeux de Mourot ces vaches ont une bien autre valeur encore, à en juger par la tendresse, la passion, avec laquelle il en parle :

« Elles sont mon œuvre, ces vaches. Oui, insiste-t-il, *mon* œuvre. Dès le début, j'ai sélectionné les sujets, ce dont on ne s'était jamais avisé dans ces pays. Et je suis parvenu à créer une race à moi. Je fais volontiers argent des bœufs. Quant à mes vaches, de celles qui sont bien venues, je n'en céderais aucune, m'offrirait-on le double de sa valeur. Et pourtant j'en ai là près de deux cent cinquante. Pensez donc, je les ai toutes vues naître. Toutes me connaissent. Quand je vais au milieu d'elles, toutes veulent me lécher la main... »

A entendre se révéler chez cet homme de ma race l'identique mentalité des Pasteurs peulhs, touaregs ou maures, j'ai quelque surprise. Si mon hôte voulait m'en laisser le temps, je creuserais ces données curieuses. Mais le voici qui m'entraîne vers une grande basse-cour où se poursuivent d'autres expériences, à la base desquelles se montre encore le tout louable souci de l'amélioration des races. Ainsi la poule nigérienne est minuscule. Mourot a rapporté de France

des espèces superbes, les Faverolles, dont il a réussi l'acclimatation et le croisement. De même il a introduit au Soudan des familles européennes d'oies et de canards. C'est une arche de Noë, son île. Nous voici dans la porcherie : « Je les laissais auparavant vagabonder sur le bord de l'eau, et le caïman m'a mangé le père de famille, un verrat magnifique! » gémit-il. Mais son optimisme reparaît sans tarder : « Heureusement que mes truies sont pleines! »

C'est avec ses modestes économies, sa petite pension de sous-officier, le produit de sa chasse à l'aigrette, et son ingéniosité que Mourot a créé ce beau domaine. Une île voisine, lui appartenant également, est plantée en riz et en mil. Elle donne le couscouss quotidien à la maisonnée. Du coton aussi. Et des pommes de terre : « Une spéculation superbe, me confie-t-il, car je les expédie à Bammakou où on se les arrache à 1 fr. 60 le kilo. Certaines pèsent une livre, en moyenne une demi-livre, et j'ai un rendement de dix pour un. »

Le commerce ne le laisse pas indifférent. Je vois les abords de sa demeure encombrés de balles de laine et de peaux. Dans le rayon de Mopti il possède quatre ou cinq comptoirs où les indigènes s'approvisionnent volontiers d'articles européens et à la tête desquels il a placé des gérants noirs. Tout récemment, il a fait venir ses deux frères pour le seconder dans ses nombreuses entreprises, que son activité et sa parfaite science des ressources du pays tendent à augmenter encore. Ne me montrait-il pas de mystérieux rouissages pratiqués sur une plante fort commune dans la brousse et qu'il espère révéler comme un textile de prix!

Il est certain que si Mourot avait su monnayer toute sa très grande expérience du Soudan, il serait déjà possesseur de richesses considérables. Mais je ne suis pas du tout certain que ses desseins aient pour fins suprêmes le millionarat.

Le nom de Charlot-*ville* donné à l'île où s'élève aujourd'hui sa seule demeure, me paraît trahir ses véritables rêves d'avenir. J'incline à croire qu'il se berce de revivre la vie des anciens Patriarches, de vieillir entouré d'une descendance innombrable, pasteur d'un peuple de son sang, aimé et respecté au loin. Certainement là-haut, dans le sein du Seigneur, Abraham le devinant, doit murmurer ravi : « Brigadier Mourot, vous avez raison! »

A travers les jours à venir, ami Mourot, que tes desseins se réalisent. A toi, tes femmes et tes enfants, à tes vaches, tes poules, tes gorets et tes oies, à tes champs de mil et à tes rizières, je dis en partant la parole antique du Livre des Patriarches : « Croissez et multipliez ».

Que le patriarcat te soit léger, charmant dilettante, qui as choisi en ce vingtième siècle la vie des hommes aux premiers âges de la terre! Que le chemin de la destinée te soit doux! Que les tiges orgueilleuses de tes mils inclinent de lourds épis sur ton passage, que sous tes pas s'étalent les tendres tapis de rizières plantureuses. Sous le glorieux soleil du Soudan avance-toi à l'ombre de blanches aigrettes voletant autour de ta tête et, dans le cortège de tes rêves, entouré d'une descendance, et de serviteurs, et de troupeaux toujours augmentant, achemine-toi d'année en année vers l'âge de ton frère lointain Mathusalem!

*Post-scriptum.* — Au printemps de 1910, j'ai reçu de Mourot une lettre à laquelle j'emprunte ce passage : « Je me porte toujours comme le Pont-Neuf, et mes enfants poussent comme la mauvaise herbe : mes numéros 16 et 17 vont arriver sous peu! »

## XIV

A Mopti me voici non loin de Dienné, la ville indigène qui, entre toutes, est le joyau de la vallée du Niger et même du Soudan entier. Il faut quitter le cours du Niger et remonter le Bani. Notre petit vapeur n'a pas l'habitude d'y naviguer. Pour le piloter nous embarquons un de ces mariniers du Niger appelés ici des Bosos, ailleurs des Somonos.

Ces populations représentent à la fois une caste et une race à part parmi les peuples du Soudan. Elles vivent en marge des Pasteurs et des cultivateurs, sur les rives des fleuves, spécialisées dans la pêche et la batellerie. Un chef maintient une forte discipline corporative dans chacun de leurs groupements. L'ancienne société soudanaise reconnaissait à ce chef le titre de Maître de la Pêche et de la Chasse. On le consultait avant de s'adonner à l'une ou à l'autre, et, par de mystérieuses incantations et des poudres magiques, il les rendait fructueuses.

Au cours des lustres d'anarchie antérieurs à l'occupation française, le peuple des mariniers se vit fort malmené. Ils furent traités par les tyrans soudanais sinon en esclaves, du moins en corvéables à merci. Alors la misère avait surgi chez ces rudes travailleurs que nous avons vus faisant dès l'aube des battues aquatiques dans le Niger, chez ces braves gens, tout à fait sympathiques pour la large hospitalité et la charité dont ils se sont fait des lois. Quel sort leur a apporté notre domination? Naviguant à vapeur, et non plus en chaland comme autrefois, l'occasion m'a manqué de prendre contact avec eux : l'embarquement de notre pilote m'en donne l'occasion.

Ce Boso est un homme jeune, à figure avenante sous une chevelure curieusement échafaudée en chignon, lequel lui prête une apparence androgyne. Tandis que, à l'avant, il dirige la manœuvre du timonnier, nous entrons en conversation. Il me dit toute la satisfaction que cause aux mariniers le nouvel état de choses : « Nous n'étions rien. Depuis votre venue, nous sommes quelque chose. » Il se loue de l'Administration qui rémunère scrupuleusement les services qu'elle exige. Aussi, à son premier appel, les Bosos abandonnent-ils leurs occupations coutumières et sont-ils prêts pour n'importe quelle tâche. « Du

Notre Bozo.

jour au lendemain, le chef des Bosos de Mopti pourrait lever pour vous deux cents hommes. »

L'aisance est revenue parmi le peuple des mariniers. Comme les cultivateurs, ils placent volontiers en bétail leurs économies. Celles-ci semblent d'importance, à considérer certaines dépenses somptuaires. Mon homme me raconte comment des Bosos s'associent à trois ou à quatre pour acheter une... jument. Celui des participants qui a fait le plus gros apport a droit au premier produit; les autres aux produits suivants, selon l'importance de leur participation. On a malicieusement retenu que les marins de tous pays avaient un faible pour le cheval et l'équitation : n'est-il pas curieux de voir ces marins d'eau douce, noirs au surplus, ne pas échapper à la règle?

Au lendemain de notre départ de Mopti, vers le matin, nous jetâmes l'ancre devant ma bonne ville de Dienné. J'ai montré que Dienné fut une des plus grandes places de commerce de l'Afrique; plus ancienne de beaucoup que Tombouctou, dont elle fut la fondatrice au demeurant; quasiment ignorée de l'Europe, à l'encontre de Tombouctou, et, cependant, plus renommée que celle-ci dans l'Afrique intérieure. J'ai dit la position curieuse, privilégiée, de cette citadelle de commerce, de cette ville bâtie sur *une île au milieu des terres,* y apparaissant comme un Mont Saint-Michel, et, grâce à cette situation forte et unique, ayant pu prospérer depuis sa fondation en l'an 765 jusqu'aux temps présents, en dépit des vicissitudes du Soudan durant ces siècles multiples. J'ai révélé Dienné encore exceptionnelle par le pittoresque de son être, par une note de non-vu, par un style propre dont elle s'ornemente, par un style où — extraordinaire rencontre — se révèle l'empreinte de l'Égypte antique. Et parce que, jadis, j'éprouvai dans ses murs la seule émotion d'art de mon long voyage, j'ai gardé à Dienné un coin secret de mes tendresses soudanaises.

... Je n'ai pas échappé à la mélancolie des grandes amours retrouvées par-delà un fossé de quinze ans. Tandis que le spectacle d'une résurrection m'accueillit à Tombouctou, que la cité restaurée se montrait en marche vers la splendeur de son passé, c'est une ville sur le chemin du déclin qui se montre à Dienné.

Ceci me frappe aussitôt : sur les berges, dans les rues, sur les places, l'animation est moindre qu'autrefois. Bientôt l'aspect même de la ville, de ses quartiers, de ses demeures — son vêtement — m'impressionne. Il me semble voir poindre les haillons de la Tombouctou d'il y a quinze ans. Les façades pharaoniques des habitations ne donnent plus cette impression de coquetterie qui proclamait la prospérité ; des lézardes et autres négligences s'y montrent. En plusieurs quartiers des demeures abandonnées, des murs croulants, des rues qui se meurent, des coins morts. Après douze siècles, l'heure de la décadence aurait-elle sonné pour Dienné?

Oui, l'heure fatale est venue. Même l'on ne tarde pas à reconnaître que cette décadence est inéluctable. Ironie des choses, elle est l'œuvre de la paix et de la sécurité que nous avons fait régner au Soudan!

Aux temps d'insécurité, les principaux et riches négociants des vallées du Niger et du Bani s'étaient réfugiés dans cette citadelle de commerce. Toutes les affaires de ces régions agricoles se traitaient derrière ses hautes murailles. Ainsi Dienné avait absorbé tous les marchés voisins. Maintenant, grâce à notre présence, le moindre village offre aux transactions une sécurité égale à celle de la vieille et forte cité. Aussi les transfuges qu'elle hospitalisait se sont-ils empressés de la quitter et de regagner leurs pays d'origine, emportant leurs richesses, reconstituant un peu partout des centres d'affaires, abandonnant leurs installations de Dienné : de là ces coins morts de par la ville.

Et puis la situation de Dienné, île au milieu des terres, situation compliquée, et en cela précieuse autrefois contre les coups de force, s'est montrée néfaste dans les temps nouveaux de quiétude. N'étant pas bâtie directement sur le Niger, non plus que sur le Bani, Dienné a ressenti le dommage de se trouver en dehors de ces deux grands chemins commerciaux.

D'ailleurs les bateaux à vapeur ne peuvent accoster ses berges, accessibles seulement par des canaux étroits, capricieux, et peu profonds. Finalement la création d'un centre européen en l'île de Mopti porta le coup de grâce à l'île de Dienné ; Mopti, placé au confluent du Niger et du Bani, ne comporte aucun des inconvénients de Dienné ; Mopti jouit du télégraphe et d'un bureau de poste, tandis que la vieille cité au décor pharaonique en est encore dépourvue, au grand dam de ses commerçants qui ont d'importants mouvements de fonds à effectuer. Il semble bien que Dienné soit la rançon de Mopti !

C'est assez triste de se dire : voilà une cité antique, grande et curieuse, qui s'en va doucement, mais sûrement, vers ces fins mélancoliques où s'en sont allées Bruges la Morte, Aigues-Mortes, Carcassonne. Alors on aimerait à penser que plus tard, quand le voyageur épris de visions rares fera un détour vers Dienné, il la retrouvera longtemps encore en la parure qui magnifia sa prospérité, qu'il la contemplera en ce décor unique, évocateur du pays des Pharaons, soigneusement conservé à travers douze siècles jusqu'à nos jours; qu'entre ses hautes murailles, expression de sa vie longue et intense, il verra comme entre les planches d'un cercueil dormir Dienné l'Égyptienne.

Eh non ! cette pensée de consolation n'est point permise. Chagrin plus grand, il faut reconnaître que ceci aussi, comme la décadence de Dienné, est le fait de notre présence — plus précisément, le fait de nos fonctionnaires.

Un administrateur s'est trouvé qui, assurément, aimait la vieille ville, mais à la façon de ces fâcheux dont l'accolade vous étouffe. Son affection lui suggéra de doter la cité pharaonique de la Beauté selon... les Ponts et Chaussées. Il rêva pour elle des boulevards! Et à son ordre les murailles de la ville furent abattues, puis sur les débris nivelés une voie fut tracée et complantée de manches à balais. C'est lamentable. Imaginez le Mont Saint-Michel entouré d'une route plate et banale en place de sa pittoresque ceinture de remparts!

Ce fonctionnaire, bien intentionné, mais vandale (avez-vous remarqué que les vandales de notre temps sont toujours bien intentionnés?), eut un successeur et continuateur. La tendresse de celui-là s'avisa de tripatouiller le style de Dienné. Répandue à Tombouctou, dans toute la vallée du Niger et même dans la Boucle, cette architecture originale ne se montre dans son plein épanouissement qu'à Dienné qui, sans interruption, fut le principal centre de richesse, partant de confort et de luxe.

En ces pays tropicaux, une habitation confortable ou luxueuse vise d'abord à créer de l'ombre et de la fraîcheur. Les architectes indigènes y ont atteint en élevant des maisons à cour intérieure, aux murs épais, presque aveugles, percés de fenêtres minuscules et très rares. De là, et des toits plats en terrasses où se passent les nuits chaudes, résultent naturellement des constructions massives. Le charme du style de Dienné est d'avoir su transformer la lourdeur de ces masses en une certaine grandeur, point dépourvue de noblesse et d'harmonie. Des reliefs en lignes droites, fort simples, perpendiculaires surtout, viennent interrompre la monotonie des façades et les couper en parties de proportions justes. Enfin, bordant les toits plats, des cônes effilés s'élancent vers le ciel et, — sobrement distribués — achèvent d'alléger la bâtisse massive[1].

Au centre de la ville étaient les ruines d'une mosquée du XI^e^ siècle, informes, mais d'une sauvagerie délectable, semées de tombes, pleines de mélancolie, de silence et de solitude, et sur lesquelles planaient de bien jolies histoires. Notre administrateur pensa qu'il importait de couronner le pitto-

1. L'architecture de Dienné n'est pas tout à fait inconnue en Europe. Elle apparut à l'Exposition de 1900. Chargé d'édifier une partie des constructions coloniales, M. Scelliers, de Gisors, avait présenté pour le pavillon du Sénégal-Soudan un projet (œuvre d'un de ses commis, sans doute) qui, aussi bien, aurait pu être utilisé comme hall de gare. En qualité de commissaire du Soudan, je refusai ce projet et communiquai à l'éminent architecte mes photographies de Dienné, dont il s'inspira. Nous eûmes ainsi un pavillon qui fut cité parmi les originaux.

A ceux qui, au Soudan, se préoccuperont du confort, l'ardent soleil imposera toujours des constructions vastes, lourdes et massives. C'est pourquoi je tiens le style de Dienné, qui sait corriger ces disgrâces, pour le style de l'avenir en notre Afrique occidentale.

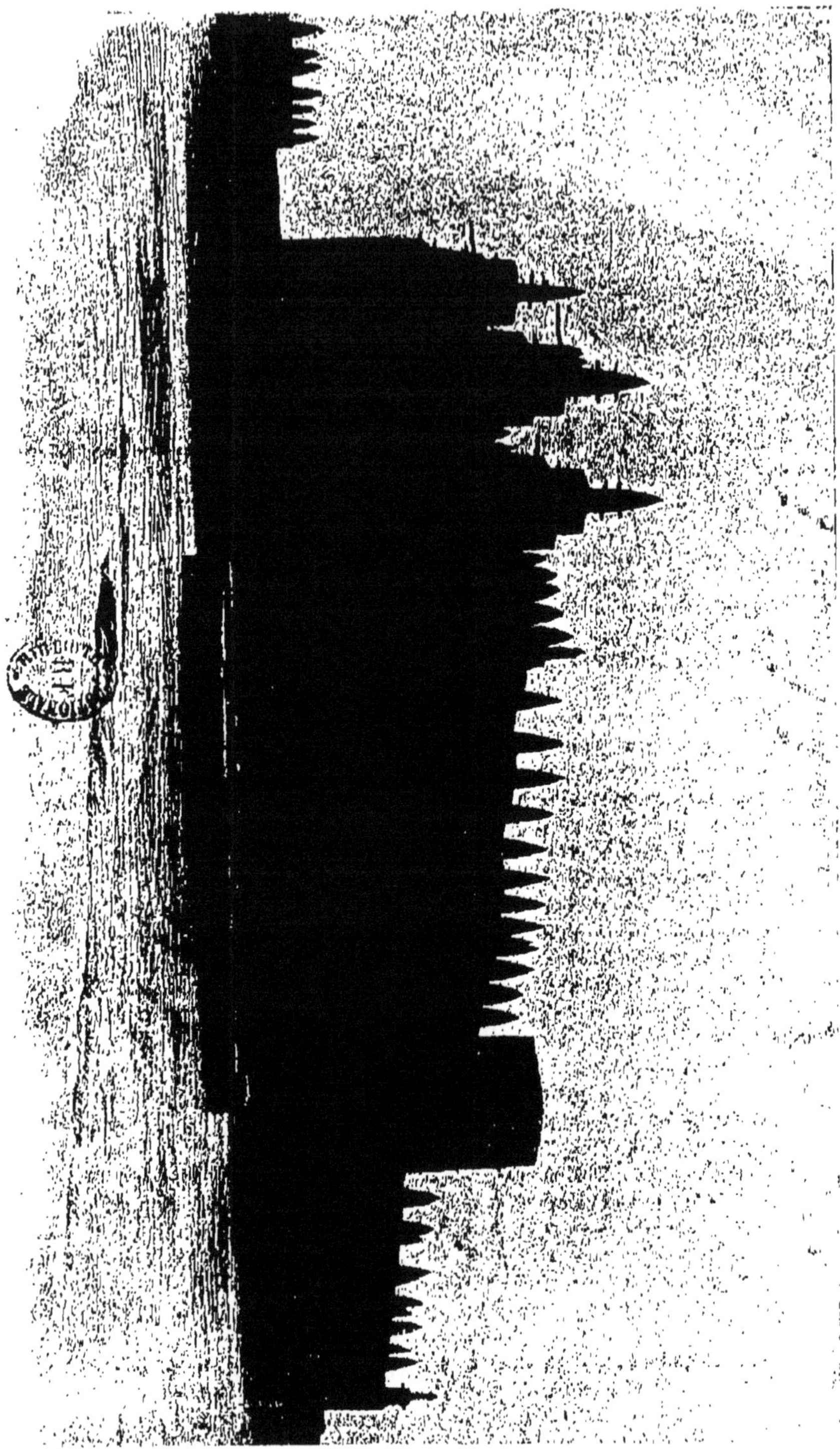

resque de la cité par un grand monument, lequel ne serait autre que la vieille mosquée reconstruite et restituée. Comme les remparts, les ruines furent rasées. Et l'on bâtit, et l'on bâtit... si bien qu'en effet il surgit quelque chose d'énorme, quelque chose de monumental, mais pas au sens que lui prêtait le fonctionnaire!

Au lieu d'un pastiche de l'architecture de Dienné, c'est la caricature qu'on en voit aujourd'hui sous prétexte de mosquée. Une masse se dresse, hystérique, qui tient du hérisson et du buffet d'orgue, grâce à la débauche de cônes sur les sommets. Le tout est couronné par trois clochetons (!) à la silhouette de chapeau-chinois qui, définitivement, impriment à cette tentative un cachet de folie. En vérité, avec tous ces cônes, on dirait d'un temple baroque dédié au dieu Suppositoire.

Troisième forfait : non loin du Poste s'élevait jadis l'ancienne résidence des gouverneurs Toucouleurs de Dienné, curieuse avec ses pièces multiples et son étage, qui donnait assez bien l'idée d'un palais de potentat nigérien. Je trouve aujourd'hui ces lieux transformés en esplanade!

A l'entrée de la résidence des administrateurs de Dienné il me paraît urgent de graver cette supplique : *Pitié pour ce qui représente le peu de Passé et d'Histoire de ces pays neufs!*

## XV

La mélancolie des premières impressions de Dienné s'est subitement dissipée. Une jolie vision en a eu raison : des enfants m'ont ouvert une charmante échappée sur l'avenir.

Mes amis indigènes étaient venus me faire visite. Je retrouve Oumar Sanfo le Savant, précieux collaborateur de mes études sur Dienné. Lui ayant fait le sincère compliment de n'avoir point vieilli, il me réplique : « J'ai soixante-dix ans... » Le ton et certain geste me laissent entendre que, selon sa pensée, celle-ci sera sans doute notre dernière rencontre.

Ce grand vieillard est délicieux, gai, vaillant, solide. L'âge ne se trahit chez lui que par l'usure intense des dents en rangées saines et complètes, —

la belle usure de dentition qu'au Sahara m'ont montrée les crânes des tombes millénaires.

Avec Oumar Sanfo est venu Moh. Oumar Sissé, un de mes collaborateurs secondaires. C'était, à l'époque, un tout jeune marabout. Calligraphe arabe, il m'avait transcrit le *Tarik è Soudan,* la vieille chronique soudanaise. « Es-tu content, » lui fis-je. — « Bien certainement! » répondit-il en français. Je travaille au Poste, dans les bureaux de l'administrateur. Comme pour vous, j'y fais des copies. Cependant mes travaux ne sont plus en arabe, mais en français, que j'ai appris à parler, à lire et à écrire. »

Sa modestie omet d'ajouter que *c'est de lui-même et par lui-même* qu'il a fait l'étude de notre langue. Un jeune fonctionnaire de Dienné me donne ces précisions. Voyant ma joie de ce cas d'autodidaxie, il pense de me présenter les élèves de l'école primaire française de la ville. Mais l'idée se montre de réalisation malaisée : les vacances de Noël ont commencé, les enfants ne s'assemblent pas; de son côté, l'instituteur européen a profité de ces fêtes pour faire un petit voyage.

Mon guide obligeant craint, je devine, que les écoliers n'apparaissent pas sous leur jour le meilleur, étant privés de leur maître. Cette conjoncture, au contraire, me plaît. Peut-être l'instituteur aurait-il été tenté de me montrer surtout ses « phénomènes ». Je préfère avoir une idée de l'ensemble des élèves de la moyenne, laquelle m'importe davantage pour juger de la perfectibilité et de l'évolution des indigènes. J'insiste doucement.

Aux quatre coins de la ville on a relancé les enfants. Vers la fin de l'après-midi, muni d'un panier de noix de Kola, la friandise qui récompensera ce petit monde de son dérangement, je me trouve le premier au rendez-vous, à l'école. Bon mobilier scolaire. De vraies tables, de vrais bancs, non des meubles de fortune. J'attache une importance majeure à cette question de mobilier — ou plutôt à l'habitude que, grâce à lui, l'enfant commencera à prendre de ne plus s'accroupir. Depuis longtemps je voyage et je vis au milieu de peuples qui, tant pour travailler que pour se reposer, ne s'asseyent pas mais s'accroupissent. Et tout ce que comporte de fâcheux cette coutume de primitifs m'a souvent frappé.

Il n'y a pas à démontrer autrement qu'elle est malpropre et peu conforme à l'hygiène. Sa portée sociologique apparaît surtout considérable. L'homme assis n'a qu'un mouvement simple à faire, et naturel, et facile, pour se trouver debout. Dans la même intention, l'homme accroupi doit s'imposer un mouvement compliqué et incommode. Avant que de se lever il y regarde à deux fois! De ceci il prend l'habitude, puis l'instinct. Je tiens donc qu'en principe une telle position porte à l'indolence les mieux intentionnés, au farniente et à la paresse le plus grand nombre. Quand on songe à nos artisans travaillant assis ou debout, c'est misère de voir opérer le forgeron, le scribe, le tisserand, le cordonnier accroupis. Qu'un outil ou une matière ne soient pas sous la main, que pour telle autre cause il faille se dresser, c'est toute une affaire! Et de ce mouvement compliqué naît souvent quelque complication nouvelle, une chute, ou un objet roulant ici ou là, devenant introuvable. Le travail traîne. La lenteur s'impose quasiment à l'ouvrier accroupi.

Il faut donc nous appliquer à extirper cette coutume arriérée. Tous les réformateurs de peuples ont dû mettre fin à d'analogues errements. La vieille Russie est morte le jour où Pierre le Grand y a fait abandonner les longs vêtements usités avant son règne. Récemment les Jeunes-Turcs ont interdit de même le port de l'*entari,* tunique flottante qu'ils estimaient impropre au travail et favorisant le nonchaloir oriental.

Un collaborateur indigène de l'instituteur français me rejoint bientôt à l'école, un jeune répétiteur de race mandingue qui a fait ses études à Kayes, puis à Saint-Louis du Sénégal. Tandis que les enfants arrivent, il me documente. L'enseignement comporte cinq à six heures par jour. Point de classes le vendredi qui est le jour férié des musulmans, ni le dimanche. La plupart des enfants vont en outre à quelque école coranique où un marabout leur inculque des éléments d'islam et d'arabe.

Les écoliers, au nombre d'une soixantaine, sont âgés de sept à neuf ans et appartiennent aux « bonnes familles » de la ville; des fils d'Oumar Sanfo sont du nombre. On sait que la population locale est composée d'éléments très variés. Toutes les races du Soudan sont quelque peu représentées, mais en majorité les Songhoïs, les Peulhs, les Bosos et les Bambaras. Une telle réunion ethnique ne se rencontre guère ailleurs. La question de la perfectibilité des indigènes peut donc s'observer en l'école de Dienné, mieux qu'en une autre : du fait de la multiplicité des races, on peut y recueillir des données plus générales.

Voici la cage pleine de petits moineaux d'ébène. Oui, de vrais moineaux ces négrillons, avec leurs mines éveillées et empreintes de curiosité, à l'œil vif dont le blanc émail véritablement scintille sur les faces noires. Je ne perçois trace de cette appréhension mêlée d'ahurissement, qui le plus souvent caractérise l'apparition d'un visiteur dans une classe de France. Il me semble lire plutôt sur les figures des enfants : « Ça va être bien amusant de montrer à ce monsieur tout ce que nous savons. » Interrogeons.

— Que fait ton père? — Mon père est marchand. — Et toi? — Mon père est marabout. — Et toi? — Mon père est chef des Bosos. — Et toi? — Mon père commande à Dienné. — Ah!... Et qui commande à ton père? — Le commandant de cercle. — Et qui commande au commandant de cercle? — Le Gouverneur. — Et qui commande au Gouverneur? — Roume. — Et qui commande au gouverneur général? — Le ministre.

Bon ça! Je crois bien qu'en France plus d'un élève d'école primaire, voire de lycée, ne saurait remonter ainsi sans broncher la hiérarchie administrative. Avec cela les réponses sont faites de jet, sans bafouillage, et en français d'un assez bon accent.

L'étude de notre langue est, à mes yeux, la question primordiale de l'enseignement colonial. J'aimerais à approfondir le degré où en sont les enfants. Et d'abord, comment s'y prend-on pour leur enseigner le parler de France?

Le répétiteur indigène m'expose la voie imaginée par son chef, M. Gallin, dont il faut retenir le nom, car sa méthode est originale et pratique. Elle fait appel à l'oreille et à l'intelligence beaucoup plus qu'à la mémoire proprement dite. Le cerveau n'est pas contraint à emmagasiner des mots sans lien entre eux.

Un petit récit, simple et de phrases très courtes, est composé en français par l'instituteur. Comme il s'agit d'enfants, la trame est souvent empruntée à La Fontaine.

Le bonhomme obtient son succès accoutumé auprès des petits nègres aussi. On le maquille quelque peu, s'entend. Plus de rimes. Et puis il faut bien lui donner de la couleur locale. Le renard, inconnu au Soudan, devient un chien ; le fromage (pour la même cause) un morceau de viande, le chêne un palmier, etc.

L'instituteur raconte donc son histoire en français. Elle est successivement traduite aux élèves dans les quatre langues usitées à Dienné. On reprend maintenant, une à une, les courtes phrases, afin d'expliquer la signification et la valeur de tous les mots. Puis les enfants répètent en chœur chaque phrase.

Je demande : « Qui sait une histoire? »

Alors c'est, sur les bancs, comme une joyeuse envolée de moineaux. Les bambins lèvent la main ou se dressent, à l'envi. Aucun ne cherche à se dissimuler, à esquiver le hasard de l'interrogation. Je pense à nos classes où l'élève, sans aplomb devant une figure inaccoutumée, est incapable de dire ce que cependant il sait. Quelle plaisante note de vitalité, de race jeune, règne ici! Et l'un des enfants, désigné au petit bonheur, fait le récit suivant que je note mot pour mot :

*Le petit Assaï voit une papaye* (fruit des tropiques), *grosse, jaune, bonne.*

*Le papayer est haut. Il monte* (grimpe) *un peu. Il est fatigué. Il descend.*

*Il cherche une pierre, mais il n'en voit pas. Il cherche un bâton, mais il n'en voit pas.*

*Il lève la tête et voit la papaye. Il dit : « La papaye, ce n'est pas bon. Je ne mange pas les papayes. Les cochons mangent les papayes ».*

Vous devinez que ceci est la fable du Renard et des Raisins, selon le rite soudanais. Elle paraît destinée à familiariser l'élève avec les verbes. D'autres récits visent l'usage de l'adjectif, ou provoquent des substantifs nouveaux, tel celui-ci que j'entends ensuite :

*A côté de la mosquée il y a un grand palmier. Une noix tombe.*

*Le rat entend. Il a peur. Il va dans la brousse. Il voit le lièvre. Il dit : « Le palmier de la mosquée est cassé ».*

*Le lièvre va, et dit à la biche : « La mosquée de Dienné est cassée ».*

*La biche va. Elle voit le bœuf dans la brousse. Elle dit : « Dienné est cassé. »*

Le souci du maître semble être de situer ses histoires dans les réalités non seulement ambiantes, mais strictement locales même. Ainsi, un palmier se dresse en effet proche la mosquée de Dienné. On voit l'intention : donner aux élèves une légère facilité de plus dans l'étude comme dans la compréhension.

Le récit suivant témoigne encore de ce même ordre d'idées :

*Le petit Baba va dans le lougan* (champ) *avec un captif* (serviteur).

*Il dit :* « *Le riz* (l'épi de riz) *qui lève la tête est bon* ».

*Le captif dit :* « *Non, le riz qui baisse la tête est bon. Il y a quelque chose dedans. Le riz qui lève la tête n'est pas bon : il n'y a rien dedans.* »

Je tiens à m'assurer que mes petits conteurs ne sont pas de simples perroquets, et les interroge sur tel et tel mot pris au hasard : ils savent exactement ce que chacun d'eux signifie.

On s'est déjà rendu compte que le français qui leur est enseigné n'a rien de commun avec le noble parler du XVIIIe siècle. C'est une langue fruste, très fruste, à laquelle on les initie. Voilà qui me paraît fort judicieux. L'opportunité pédagogique sait aller plus loin encore.

Autant que possible les difficultés de notre langue sont dissimulées aux petits nègres. Pour ce faire, on n'hésite pas à aller jusqu'à l'incorrection. Si le barbarisme est naturellement évité, les solécismes sont monnaie courante. Voyez plutôt.

*Pendant la fête du Ramadan, le père de Saliou lui*

*donne un joli petit couteau. Le petit Saliou est content. Il va dehors. Il coupe tout. Il coupe l'étoffe. Il coupe l'herbe. Il voit le petit citronnier. Le petit Saliou lui donne un coup de couteau.*

*Le père Saliou voit le citronnier mort. Il dit : « Si je connais celui qui a coupé le petit citronnier, je lui donne cinquante coups de corde. »*

*Le petit Saliou a peur. Il réfléchit. Il dit : « Père, c'est moi celui qui a coupé le petit citronnier. Si tu frappes, frappe. Si tu laisses, laisse. »*

Il est à remarquer qu'aucune de ces histoires ne se termine par une morale en formule. De fait, on n'en fait pas apprendre aux enfants. En revanche, les commentaires circonstanciés du maître leur expliquent la moralité des divers récits. En saisissent-ils bien la portée? De ceci aussi je tiens à m'assurer. Et rien n'est curieux et amusant comme de les entendre vous exposer, en un parler de leur cru, que pour le cas du petit Saliou, « le papa ne tape pas parce qu'il a parlé vrai », et que le petit Assaï trouve la papaye bonne pour les cochons « parce qu'il a la frousse de monter sur l'arbre ».

Adonc, parallèlement à leur instruction, le maître se préoccupe de leur éducation morale. Les défauts des noirs et des blancs se montrent sensiblement les mêmes. Certains travers sévissent cependant avec une particulière intensité chez les nègres : ceux-là sont l'objectif de récits multipliés. Par exemple, l'exagération des faits, la déformation des nouvelles est un des péchés mignons du noir. Les bambins m'expliquent que le récit de « Dienné cassé » doit combattre l'habitude de « raconter des blagues ».

Mais surtout se répètent les histoires en faveur du travail.

Il est ici d'opinion courante, dans les « bonnes familles », que travailler c'est déchoir. L'ancien état social qui comportait l'esclavage, comportait également une telle mentalité, tous les travaux étant dévolus aux esclaves. D'autre part, les Berbères et les Arabes, qui furent, sinon les premiers, du moins les plus récents éducateurs des nègres, consolidèrent ce préjugé qui leur est infiniment cher.

On s'efforce à le combattre par maint plaidoyer de ce genre :

*Le petit Mahmadou va à l'école. Il n'est pas content. Il marche doucement. Il dit : « Le chien ne fait rien : Il dort. La fourmi ne fait rien : elle marche. L'abeille ne fait rien : elle vole. Moi je ne travaille pas. »*

*Son grand frère dit : « Regarde bien. Le chien travaille ; il garde la case. Les abeilles travaillent ; elles cherchent le sucre. La fourmi travaille ; elle porte du riz dans son trou. »*

*Le petit Mahmadou comprend. Il dit : « Moi je travaille. Je vais à l'école, vite. »*

J'ai dit que l'instituteur français était absent de Dienné. Ces récits et les autres données n'ont été recueillis qu'auprès des seuls élèves. La petite épreuve que je leur ai fait subir a donc une particulière valeur de sincérité. Et si je me montre véritablement ravi de ses résultats, on voudra bien ne pas me taxer d'exagération, ni de bienveillance. Ce grand contentement n'est autre chose qu'une honnête photographie de voyageur, en rien le satisfecit d'un personnage officiel.

Je suis si charmé que volontiers je m'attarde sur quelques impressions heureuses que m'a encore laissées cette école de petits nègres. Par exemple, la manière dont ces récits furent dits vaut d'être retenue : non sur le mode chantant, monotone, en un mot scolaire, mais en un débit intelligent, sur le ton naturel et juste d'une histoire contée. Quand d'aventure le petit narrateur hésitait, stoppait, il fallait voir comme les camarades s'évertuaient à le suppléer ! D'ailleurs ils se disputaient littéralement à qui me ferait un conte, m'initierait à une morale ou expliquerait un mot. Un tel entrain à montrer leur petite science ne vous semble-t-il pas révéler une vanité jolie ?

Ainsi, chez ces enfants de races diverses, l'amour-propre du savoir va de pair avec de très appréciables résultats. Dès lors, on accordera que ce n'est pas utopie d'être convaincu de la perfectibilité et du progrès, pas trop lointain, des peuples soudanais.

## XVI

En cette plaisante vision d'écoliers nègres vient d'apparaître la question de l'instruction publique aux colonies, question fort discutée : chaque année, dans quelque congrès, adversaires et partisans du relèvement intellectuel des indigènes s'escriment.

Les adversaires, en leur mentalité, reflètent les conceptions coloniales des temps lointains où un bétail humain peinait sur des plantations. L'idée est naturellement atténuée, transformée. Elle apparaît en tant que théorie de l'infériorité de certaines races. Le peuple métropolitain est de race supérieure, s'entend. Les aborigènes des colonies constituent une humanité de second choix. De quelle manière convient-il de s'intéresser à ces êtres inférieurs? En leur donnant une éducation uniquement utilitaire : ils n'ont pas besoin d'instruction, mais d'un simple dressage agricole ou industriel. Ainsi le métropolitain, l'être supérieur, pourra exploiter fructueusement la colonie et la gent coloniale. C'est donc sous la forme d'une domestication des indigènes que les adversaires de leur relèvement intellectuel conçoivent la colonisation.

L'Allemagne surtout incline vers ces conceptions féodales et opine pour ce régime d'exploitation brutale. Ceci cadre avec le rôle de parvenu aux appétits violents qui est le sien parmi les grandes nations. Son aversion pour tout progrès intellectuel des indigènes est telle, et telle est son infatuation de supériorité, que dans ses possessions de l'Ouest et de l'Est africain elle empêche la langue allemande de se répandre parmi ses sujets. En revanche, elle propage des parlers indigènes, le haoussa et le souâli, qu'elle s'efforce de substituer aux divers dialectes locaux. On sait, de reste, quels déboires, quelles révoltes, ont marqué la colonisation allemande, dans ses diverses possessions africaines.

Les partisans du relèvement intellectuel des indigènes exposent que sous des peaux blanches, rouges, jaunes ou noires l'humanité est une. Des atavismes très anciens joints à une culture intense dans les temps modernes ont, en vérité, affiné certains peuples. Par suite de quoi d'autres peuples se montrent *en retard*. Mais rien de plus : qui dit arriéré ne dit pas inférieur à jamais. Le voyageur sans prévention et un peu philosophe, ayant vécu intensément parmi des peuples d'une civilisation autre que la sienne, voire des peuples peu civilisés, se rallie volontiers à de telles vues.

Ces populations arriérées, une métropole a le devoir de les instruire dans ses colonies. Pourquoi? L'obscurantisme et la domestication de l'indigène n'aboutissent qu'à une main-d'œuvre à bas prix, propre à satisfaire seulement quelques intérêts individuels, passagers au surplus. Or, une collectivité a charge d'intérêts généraux, et doit considérer en outre l'intérêt des générations futures : l'instruction lui permettra de remplir ces devoirs. Par le chemin du savoir les indigènes se rapprocheront du niveau métropolitain, et ainsi la nation colonisatrice, au lieu de domestiquer ses sujets coloniaux, pourra se les associer. Car telle est la formule de la colonisation moderne : métropole et colonies liées par de communs intérêts moraux et matériels.

D'ailleurs les partisans du relèvement intellectuel des indigènes se défendent d'être de purs idéologues, épris de théories humanitaires. Ils se prétendent d'incontestables réalistes appuyés sur cette loi d'économie politique : la valeur économique des hommes dépend étroitement de leur degré d'éducation. Les civilisés les plus avancés se montrent les consommateurs et les producteurs les meilleurs; l'homme arriéré est en même temps le plus mauvais producteur et le plus mauvais consommateur. D'où il suit *qu'instruire les indigènes, c'est augmenter leur valeur économique*. On voit assez que la question de l'instruction publique est primordiale en matière de colonisation.

La France moderne s'étant prononcée pour le relèvement intellectuel des indigènes, voyons où les choses en sont ici.

Encore que le Soudan soit un pays neuf, la question de l'enseignement s'y manifeste avec la même complexité qu'en notre vieux pays : d'une part, l'enseignement laïque, qui est français; d'autre part, l'enseignement religieux, islamique, qui est arabe. Nous parlerons de celui-ci en premier. Mais auparavant il faut esquisser l'Islamisme nègre, — qui tout de même n'est pas l'Islam de Tunisie et d'Égypte, et silhouetter le musulman noir, — qui tout de même ne peut être le croyant de Constantinople ou de Téhéran.

Le premier contact avec l'Islamisme nègre impressionne très favorablement les Européens. La prière musulmane distingue aussitôt le croyant parmi les noirs. Elle est d'un rite noble et prestigieux. Le regard perdu vers l'Orient, avec des gestes larges et solennels, en des attitudes nobles et lentes, le fidèle lève les bras, se prosterne et se dresse tour à tour. Notre œil est frappé. Notre pensée rumine. Par de là cette pratique extérieure, elle se plaît à prêter au fidèle un cerveau familiarisé comme le nôtre avec une vie intérieure, avec toute une gymnastique morale et intellectuelle. On entrevoit la plume et l'encre, et le livre, et bien d'autres choses encore. Bref, on s'imagine le nègre musulman moralement et intellectuellement fort différent du nègre fétichiste, et représentatif du nègre évolué.

En prêtant une attention, même légère, autre chose se découvre. Au monothéisme de l'Islam qui renferme de non dédaignables morales, le nègre musulman n'a pris que cette tautologie : *Dieu est Dieu*. Ayant ainsi affirmé ses convictions, sans doute s'estime-t-il en règle avec Dieu, car il ne s'en soucie plus. Le marabout est sa grande affaire, comme le féticheur est celle du nègre fétichiste.

Marabout et féticheur dispensent des talismans. Musulman et fétichiste espèrent bénédiction ou malédiction, attendent réussite ou échec d'un gri-gri bon ou mauvais. Les talismans du fétichiste sont une pierre, un os, de la terre ou d'autres matières saugrenues. Les talismans du musulman sont ces mêmes matières saugrenues additionnées de grimoires en arabe. Témoignant d'une certaine largeur d'idées, le fétichiste tâte parfois d'un talisman de marabout. Le musulman, lui, dédaigne les talismans du féticheur, les tenant pour inférieurs à ceux du marabout. A cette étroitesse de vues près, les croyances métaphysiques du musulman et du fétichiste se confondent.

Autre étroitesse. Les noirs, en général, apparaissent plutôt sociables, hospitaliers et charitables. Alors que le nègre fétichiste se montrera le même pour tous, le nègre musulman de la masse affectera une sociabilité, une hospitalité, une charité plus grande ou exclusive pour ses coreligionnaires. Par exemple, un sentiment qui, celui-là, n'a pas fléchi chez le musulman, c'est la vanité !

Le nègre est très *m'as-tu vu?* Du costume européen le chapeau haut-de-forme le séduit, jugeant que dans le grand soleil de son pays cette chose noire, scintillante, rigide, doit impressionner ses contemporains irrésistiblement. C'est avec cette même pensée que la prière est chère au musulman noir. Non l'acte moral. La mimique de la prière, s'entend. La prière en tant que gesticulation solennelle et prestigieuse, en tant que belle manifestation ostentatoire, en présence de beaucoup de témoins, avec des spectateurs le plus possible, — cependant que le fétichiste, discret en son commerce avec le Divin, célèbre ses mystères au fond des bois, jalousement à l'écart des profanes.

Le musulman converse ou traite d'affaires ou déambule de compagnie. Tout à coup il brise, s'en va à l'écart. Qu'est-ce? Pas ce que vous pensez. La Prière... La prière par quoi il proclame : « M'as-tu vu ? Je suis celui dont le gri-gri est supérieur. Qu'on se le dise ! » Même il sait prolonger ses effets très ingénieusement. Selon les rites, son front vient de toucher la poussière, et celle-ci se marbre blanche sur le visage noir qu'elle rend clownesque. De ces apparences comiques notre homme n'a cure. Il se gardera bien de les faire disparaître. Avec gravité et complaisance il les promène. Par ce manège, à chacun de ceux qui, regrettable circonstance! n'auraient pas assisté à sa prière, il adresse ce muet reproche : « Pourquoi ne m'as-tu pas vu? »

Pour le musulman nègre, l'Islam est surtout une bague au doigt de sa vanité. Il n'en prise que le moyen de se singulariser, de s'infatuer, de se hausser. L'Islam a étendu jusqu'au Pays des Noirs le royaume des snobs. A côté d'enfantillages inoffensifs il en résulte finalement une note regrettable. Le nègre musulman se hausse si bien qu'il atteint au mépris! Il considère son compatriote fétichiste comme un nègre de seconde catégorie, un nègre d'essence inférieure, à qui il n'épargnera pas les témoignages publics d'aversion. Sous une forme simpliste voici apparue la mentalité : l'Islam est la grande patrie, et l'infidèle un métèque.

Le mépris injustifié, systématique, nous paraît odieux. Pour un primitif, c'est chose bien flatteuse et tentante que le droit de mépriser quelqu'un. Aussi des conversions spontanées se produisent-elles de par ce seul droit au mépris. Un beau jour, on est tout surpris de retrouver de bons pochards bambaras, mossis ou habès s'embrouillant dans les cent soixante-dix-huit gestes de la Prière. On s'informe. Ils se pochardent toujours de leur mieux. Vous les interrogez. Et ils confessent : « J'étais vexé de voir le musulman cracher à mon passage. Maintenant c'est mon tour de cracher ! »

J'ai dit tout à l'heure que la Prière du musulman nègre de la masse n'était qu'une manifestation ostentatoire, un acte matériel, non un acte moral.

Assurément des invocations et des hommages à Dieu doivent, en principe, accompagner le rite mimé de la Prière. Mais la masse des musulmans nègres, ou reste silencieuse, ou marmotte de confuses choses, *qu'elle ne comprend pas.*

C'est que les paroles rituelles de la Prière sont en arabe, c'est qu'il est rituellement interdit de prononcer ces paroles en une autre langue que l'arabe, c'est enfin que l'arabe n'est pas une langue du pays des nègres. Voilà comment la Prière, acte moral par excellence, demeure un acte purement matériel pour la masse des musulmans noirs. Or, Mahomet a proscrit toute langue autre que l'arabe, non pour la seule Prière, mais pour le Coran même et les livres saints en quoi gît sa doctrine. L'usage exclusif de l'arabe est un des dogmes de l'Islam.

Dès lors, on voit ce que sera et ce qu'est en effet l'enseignement religieux islamique au Soudan : initier à la langue arabe. Il ne correspond aucunement à notre entendement de l'instruction scolaire et ne se propose pas de doter l'élève d'un quantum de connaissances morales et utilitaires lui permettant de cheminer plus assuré sur la route de la vie. La lecture du Coran, voilà la grande affaire ! Une école islamique ne représente donc pas une école, selon nos conceptions, mais un *catéchisme*. De fait, le corps enseignant ne se compose que de marabouts ou prêtres, et le seul livre scolaire est le Coran. C'est pourquoi leur a été très justement donné le nom d'écoles coraniques.

Quelque 900 écoles coraniques existent au Soudan. Les méthodes scolaires s'inspirent de la pédagogie arabe, laquelle n'est que mnémotechnie : on cultive la mémoire, cette faculté que l'homme partage avec les bêtes ; rien n'est fait pour développer chez l'enfant l'observation, la réflexion, le raisonnement. La grande majorité des élèves quittent l'école sachant réciter un certain nombre de passages du livre saint, à la façon du phonographe cependant, — sans comprendre. Les écoliers ont aussi appris à lire l'arabe, mais restent incapables de l'écrire. Ce sera tout pour le progrès intellectuel de la majorité. Quelques individualités, sporadiques, poussent plus loin leurs études, apprennent à écrire et acquièrent une instruction véritable auprès des quelques savants du pays. Mais, en somme, l'acquis de la généralité des élèves est quasiment nul. Les 900 écoles coraniques sont donc un trompe-l'œil en tant qu'appoint au progrès intellectuel des indigènes.

Ceci constaté, on ne peut manquer d'être surpris en apprenant que l'enseignement coranique est en voie d'être officiellement encouragé. La surprise nous échut à Dienné devant un bâtiment impressionnant, superbe, tout frais sorti des mains de maçons indigènes dans le joli style égyptien de la ville, et que l'on me donna comme l'Université arabe (Médersa) récemment fondée par nos soins.

Son but est de former des marabouts de choix afin de pourvoir les écoles coraniques d'un personnel supérieur. Quant au plan des études, il comporte deux parts : l'une, d'enseignement primaire, ayant trait à la langue française ; l'autre, d'enseignement supérieur, qui justifie le titre d'université, mais concerne la culture arabe et musulmane.

L'enseignement supérieur arabe est fait pour piquer la curiosité. Quel programme peut-il bien embrasser ? Depuis des siècles la culture arabe demeura résolument étrangère aux multiples horizons que s'ouvrit l'humanité. Des juges bien difficiles à récuser l'ont condamné : les Jeunes-Égyptiens et autres Jeunes-Musulmans, dont toute l'ambition tend à s'approprier la culture européenne ! Comment la culture arabe peut-elle offrir la matière d'un enseignement supérieur, du moins tel que doivent le concevoir des esprits modernes ?

J'ai minutieusement étudié le programme des études de la Médersa de Dienné; il tient en ceci : *faire acquérir à l'étudiant la maîtrise de la langue arabe littéraire et l'initier à l'exégèse coranique.* Or, des Soudanais ne pouvant utiliser l'arabe littéraire — langue morte — qu'à la compréhension du Coran, ces deux sujets finalement n'en représentent qu'un : l'enseignement de la théologie musulmane.

Nous avons donc créé *un séminaire* et non une université, le séminaire dont les écoles coraniques sont les catéchismes, un séminaire dans le sens le plus précis, le plus absolu, puisque, en fin d'études, les étudiants seront devenus des marabouts ou prêtres musulmans, et ouvriront des écoles coraniques ou catéchismes.

Mais alors que deviennent ces deux principes pour lesquels, en France, nous avons livré de si pénibles combats : la séparation des Églises et de l'État, et la neutralité scolaire? La France s'est désintéressée moralement et financièrement des séminaires catholiques, protestants et israélites; elle ouvre et subventionne un séminaire mahométan et, de la sorte, institue une religion d'État. La France a interdit tout enseignement religieux dans les écoles, lycées et universités métropolitains, et elle entreprend d'enseigner l'Islam au Soudan. C'est pourtant en France qu'un jour retentit cette parole : « Périssent les colonies plutôt qu'un principe! »

Et d'un principe méconnu voyez les conséquences. L'Islam reçoit aujourd'hui concours et consécration officiels. Bien. Mais un temps viendra, inévitablement, où l'on voudra lui appliquer la norme. Alors seront créés des droits acquis, et les Croyants jugeront qu'on les frustre. De gaieté de cœur nous allons au-devant de crises qui nous sont bien connues. Et ce en un pays neuf, où l'on peut tailler de toutes pièces! Et ce quand nous ne répondons même pas à des aspirations indigènes, ni aux désirs des colons ou de nos fonctionnaires! Car sachez que *personne* au Soudan n'a demandé la création d'une université arabe.

Autre anomalie. Nous n'avons créé aucune université française au Soudan. N'est-ce pas ravaler notre culture aux yeux des indigènes que d'y fonder une université arabe? Possible que des médersas aient quelque raison d'être en Algérie, pays de langue arabe, où l'Université d'Alger et divers collèges représentent notre enseignement supérieur. Mais ces conditions ne se retrouvent pas au Soudan. A aucun point de vue la fondation de la médersa de Dienné n'apparaît donc comme une initiative heureuse. On en trouvera une dernière preuve dans la manière dont l'enseignement arabe et musulman y est donné. C'est la note gaie de ce procès.

Il était difficile de demander des cours d'arabe et d'exégèse coranique à un Européen. Les musulmans n'auraient sans doute pas goûté le paradoxe de recueillir les gloses religieuses d'un infidèle. L'université eut dès lors besoin d'un musulman et d'un Arabe, et pensa l'aller chercher parmi les anciens élèves des médersas d'Algérie.

L'Algérien, un beau jour, à Dienné monta en chaire, muni de la traditionnelle serviette, sur le pupitre la posa, plein de dignité s'assit, et... alors les difficultés commencèrent. Et quelles difficultés! Une réédition de la confusion des langues à la Tour de Babel.

En effet, pour enseigner d'une part, pour s'instruire de l'autre, avant tout une langue commune est nécessaire : professeur et élèves n'en avaient pas. Les élèves parlaient et comprenaient le peuhl, le bambara, le songhoï ou le toucouleur qu'ignorait le maître. Celui-ci parlait le français et l'arabe. Le français, les élèves (qui n'en étaient qu'aux rudiments) ne l'entendaient pas, et l'arabe non plus, car le peu qu'ils en savaient était de l'arabe littéraire, et l'Algérien, lui, s'exprimait en langue courante, autrement dit arabe vulgaire.

Alors que se passa-t-il? Imperturbablement le professeur continua son cours en arabe vulgaire. Et si d'aventure quelque Européen au courant de cette pédagogie étrange déplorait l'impasse dans laquelle se trouvaient les malheureux élèves, l'Algérien, toujours imperturbable, opinait en français : « Qu'ils se débrouillent! » Je n'invente rien, pas même cette réflexion si joliment fataliste.

Disons vite pour son excuse que notre homme avait vingt-deux ans. Les étudiants en comptaient dix-huit ou vingt. Ces âges rapprochés et la singularité de son enseignement ne pouvaient donner au jeune Arabe grande autorité sur ses disciples. D'autres faits vinrent la diminuer encore. Les grands marabouts de la ville, naturellement jaloux de ce collègue qui venait d'Algérie pour marcher sur leurs plates-bandes, le tâtèrent professionnellement : il se montra moins versé qu'eux-mêmes en arabe littéraire! Ils observèrent aussi qu'à la mosquée ce professeur d'exégèse se trompait dans les paroles de la Prière. Enfin, par des indiscrétions domestiques, la ville sut qu'il témoignait à l'absinthe tout moins qu'une horreur sacrée. De ces vétilles le jeune professeur se souciait aussi peu que possible, jugeant sans doute qu'après tout il ne s'agissait que de nègres, et vis-à-vis des Européens se dégageant par cette joyeuseté qu'il répétait avec autant d'inconscience que de complaisance : « Je suis un musulman libre-penseur. »

Un jour, vint de loin (d'où? l'on ne savait pas) l'ordre de lui faire présider à la mosquée-cathédrale la Prière du vendredi, laquelle équivaut à la grand'messe des catholiques. Et depuis, chaque vendredi, les musulmans de la ville, à l'exception des grands marabouts, prient docilement derrière le musulman libre-penseur. Les habitants de Dienné, de parfaits commerçants, sont les gens les plus arrangeants du Soudan. Tout de même, ailleurs, ces choses très comiques auraient pu tourner au tragique... Après cela, que notre prestige s'en soit accru, j'en doute.

## XVII

Si notre devoir est de nous inquiéter de l'instruction des indigènes, nous ne pouvons que rester étrangers à leur éducation religieuse. Respectons les catéchismes musulmans; qu'ils enseignent en paix les cent soixante-dix-huit gestes rituels de la Prière et la récitation phonographique de versets en une langue morte. Mais gardons-nous, selon les fins de la Médersa de Dienné, de transformer les écoles coraniques, de les améliorer, d'en faire des foyers d'instruction publique : même déployant les efforts les plus sincères, elles sont dans la positive impossibilité de concourir à notre œuvre qui est d'introduire l'indigène dans le monde moderne. Qu'on en juge!

Le nègre est un primitif qu'il s'agit de pourvoir aujourd'hui de notions sociales. Quelle idée de l'État et de la Société peut lui donner l'enseignement coranique? Renan, qui avait vécu à la fois en Orient et dans l'histoire, a buriné : « L'Islamisme, c'est la religion excluant l'État ». Un pouvoir théocratique et la suppression de la société civile, telle serait l'initiation du nègre. Il ne connaîtrait jamais notre idée de la Patrie ; partant, ni l'idée du bien public, du sacrifice à un intérêt général. L'Islam est la grande patrie, l'unique patrie pour les musulmans. Ils poussent cette conception à ses dernières limites : les non-musulmans leur sont des métèques. De là la haine et le mépris qu'ils leur témoignent.

Et la liberté individuelle, qui en donnera notion au nègre? Le Coran n'a pas un mot pour réprouver l'esclavage. Et le rôle de la femme dans la société? Le Coran enseigne que la femme est un être inférieur. Et les beaux-arts, tels que la peinture et la sculpture? Les préceptes de Mahomet s'y opposent, de même qu'à l'esprit philosophique, et à l'esprit scientifique. Essayez donc d'exposer le système général de l'Univers quand, au point de départ, il faut enseigner, d'après le Coran, que la terre est maintenue dans l'espace sur les cornes d'un taureau... Politiques et intellectuelles, toutes les conquêtes modernes se heurtent à l'enseignement coranique.

On sait maintenant tout l'avantage et toute la nécessité qu'il y a de laisser à l'école coranique son strict rôle de catéchisme. Elle se montre intransformable et inutilisable : nous ne pouvons pas rechercher son concours pour notre œuvre de civilisation.

A défaut de l'école coranique, pareille aide peut-elle nous venir du clergé musulman, des marabouts? C'est là, semble-t-il, une autre des préoccupations qui ont présidé à la fondation de la Médersa de Dienné, dont les élèves deviennent des marabouts en fin d'études. Montrons donc le rôle du clergé musulman au Soudan.

Consciencieusement il a mis en pratique les principes théocratiques de l'Islam, confisquant à son profit les cadres de ces sociétés primitives. Dans les empires musulmans que nous trouvâmes à notre arrivée, les cadres civils n'existaient pas. Des marabouts étaient à la tête de ces empires : El Hadj Omar, Ahmadou, etc. Autour d'eux d'autres marabouts tenaient les fonctions de conseillers politiques, diplomates, secrétaires. Dans les petites agglomérations musulmanes, quand le chef n'était pas un marabout lui-même, un prêtre de l'Islam s'imposait comme conseiller ou scribe. Pour les autres rouages de la société, les marabouts, en même temps qu'instituteurs, vaquaient comme juges, avocats et médecins. Bref, toute fonction à prendre, le clergé l'avait occupée. La mainmise de l'Islam sur la société était complète.

Nous détruisîmes les grands empires musulmans, qui n'étaient d'ailleurs que de grands marchés d'esclaves. Ce fut à peu près tout ce que nous changeâmes à l'état de choses théocratiques. Il fallut pacifier le Soudan, le reconnaître, l'organiser tout en étendant d'année en d'année notre occupation; il fallut étudier les ressources du pays, créer des moyens de communication, former un personnel français toujours plus considérable: les besognes surabondaient, les hommes et l'argent manquaient. Toucher à l'armature théocratique, c'eût été augmenter à la fois les difficultés et les dépenses.

Les marabouts restèrent donc conseillers, diplómates, secrétaires, instituteurs, juges et avocats. C'était commode, très commode, tellement commode que non seulement nous consolidâmes les positions sociales du clergé musulman, mais insensiblement nous fûmes encore conduits à faire de la propagande islamique. Oh! sans aucune intention, le plus inconsciemment du monde.

Ainsi quelque fétichiste venait soumettre un différend à l'un de nos fonctionnaires. Si le cas n'était pas net, si la jurisprudence indigène était obscure, le fétichiste était invité à faire régler son procès par le marabout-juge. Autre commodité administrative. Certaines populations fétichistes se montraient-elles turbulentes? Dans leur voisinage on cherchait un chef musulman ayant de la poigne, et l'on groupait les fétichistes sous son cómmandement. Parfois aussi on confiait à des chefs musulmans la conduite de régions où les fétichistes étaient en majorité. Dans l'un et l autre cas l'armature théocratique apparaissait maintenant en des pays qui en avaient été exempts jusque-là. De plus, les fétichistes, impressionnés de nous voir les confier à des musulmans, et victimes souvent d'abus et de vexations de leur part, inclinaient par opportunisme à embrasser l'Islam.

En d'autres circonstances, non plus la commodité, mais la nécessité imposait le concours de l'Islam. Ainsi les cercles ou circonscriptions administratives sont vastes au Soudan. L'administrateur ne saurait se produire partout. Il lui faut agir par écrit pour donner des ordres, informer de la quotité de l'impôt, répandre des instructions, etc. User du français pour ces écrits, impossible d'y songer. Des missives en arabe sont la seule ressource. Or l'administrateur ignore l'arabe et ses administrés aussi. Chaque administrateur s'attache donc un marabout en vue de cette besogne épistolaire. Du seul fait de toucher à notre administration, ce marabout prend de l'importance, et celle-ci s'augmente par cette conséquence que, parmi les indigènes, le premier et le mieux informé est ce même marabout. Voici la missive en arabe parvenue à son destinataire. Il ne sait la déchiffrer. Le recours à un marabout est de nouveau nécessaire. Certains chefs sont amenés de la sorte à s'attacher un marabout tout comme l'administrateur. D'où nouveaux profits moraux et autres pour le clergé islamique. Par ces seuls exemples il appert clairement, je pense, que tout concours à nous prêté par l'Islam se traduit par un acte de propagande en sa faveur, et surtout par une consolidation de ses positions théocratiques.

Je tiens à répéter que longtemps une telle politique s'imposa. Cependant elle ne constituait qu'un expédient en des circonstances anormales. Faire d'elle une règle de gouvernement en temps normal serait au moins imprudent avec des populations aussi impressionnables que les nègres. De temps à autre des avertissements ont déjà souligné cette imprudence. Les rares troubles ou révoltes qui se sont produits au Soudan depuis notre installation furent toujours fomentées par quelque marabout!

Le Soudan est complètement organisé aujourd'hui. Notre autorité y est bien assise; nous y disposons d'un bon personnel administratif français, de ressources financières croissantes, de moyens de communication rapides : télégraphe, chemins de fer, navigation à vapeur. Bref, le pays possède un outillage de société moderne. Le moment n'est-il pas venu de le doter également des cadres de la société moderne, lesquels sont des cadres civils et non des cadres théocratiques?

La tâche de demain sera donc de renoncer progressivement à cet ensemble de commodités administratives que nous avons trouvées dans le clergé islamique, et non de perdre notre temps à vouloir façonner un clergé islamique dans une médersa.

L'école laïque et française, seule, peut et doit nous donner les cadres civils indigènes dont nous avons besoin. Voyons où en est cet enseignement laïque et français.

Dès 1896, le général Galliéni fondait à Kayes une école de fils de chefs. Doyenne des écoles françaises, elle représente aujourd'hui (par simple approximation d'ailleurs), l'établissement d'enseignement secondaire de la colonie. Son nom indique qu'elle s'adresse aux enfants des familles influentes du pays ; elle doit préparer les classes dirigeantes du Soudan à leur rôle d'associés de la Métropole. Ce but est-il atteint? Pas entièrement. En effet, le recrutement des élèves est difficile. De prime abord, cela ne s'explique guère : l'école est une manière d'internat qui éduque, loge et nourrit ses élèves gratuitement. Elle les habille de même d'une assez agréable tenue, pantalon, robe blanche coupée d'une écharpe tricolore et pour coiffure un petit fez rouge. Malgré ces avantages, en dépit des sollicitations officielles aussi, familles et élèves se dérobent du mieux qu'ils peuvent.

A aller au fond des choses, tout n'apparaît pas aussi agréable que la tenue. Selon les élèves, la nourriture ne serait pas aussi soignée qu'il faudrait. Un simple chiffre porte à croire que ce n'est pas Lucullus qui se plaint : le budget accorde à l'école pour nourrir, blanchir, vêtir, etc., ses pensionnaires, quarante centimes par jour et par tête. N'insistons pas. Autre chose : durant les trois mois de vacances, seuls peuvent regagner leur foyer les enfants dont les parents ont versé au préalable le montant des frais de voyage. Or, ces frais sont presque toujours importants; certaines familles ne veulent ou ne peuvent pas en faire le sacrifice. Les écoliers sont donc privés de vacances, et ne tardent pas à être pris de nostalgie.

Si l'on réfléchit que la pensée gouvernementale est celle-ci : les anciens élèves de l'école, « édifiés sur la grandeur de nos idées et de nos institutions » (*sic*), créeront à travers le Soudan une atmosphère de sympathie française, — il faut avouer que ce n'est pas précisément ce but qui a été atteint. « Nos idées » apparaissent aux enfants comme un fastidieux exil; « nos institutions » deviennent pour les parents un impôt de plus : rien d'étonnant à ce que les uns et les autres se dérobent.

Après l'école des fils de chefs, il est un autre établissement scolaire de niveau supérieur, l'École professionnelle. Elle comporte diverses sections qui préparent respectivement : des instituteurs indigènes, des postiers-télégraphistes indigènes initiés par la Direction des Postes et Télégraphes ; des infirmiers indigènes, formés à l'Hôpital principal ; des contremaîtres et chefs d'atelier, apprenant les métiers d'art dans les ateliers des Travaux publics ; enfin des agents de culture, dressés à la station agronomique. Ces jeunes gens et leurs familles subissent, eux aussi, les errements regrettables de l'école des fils de chefs, et opposent dès lors d'identiques résistances.

En poursuivant l'étude du problème scolaire, les mêmes caractéristiques se retrouvent toujours : d'une part, des intentions et un plan excellent, des conceptions justes, des innovations heureuses ; d'autre part, des réalisations imparfaites ou insuffisantes, et des résultats adéquats.

Ainsi la question de l'instruction française élémentaire est bien posée. Des écoles primaires ont été semées à travers le Soudan, les unes avec des titulaires français, les autres avec des instituteurs indigènes, et encore certaines dirigées par des Européens de bonne volonté, sous-officiers ou commis des affaires indigènes. Cinq grands centres sont dotés de cours d'adultes. Une œuvre pie a été fondée, l'orphelinat de Ségou, qui voile une turpitude dont nous donnions le spectacle aux noirs : on y élève une centaine d'enfants issus de mères indigènes et de pères européens, et abandonnés par ces derniers à leur départ de la colonie. Enfin on a même abordé cette tâche généralement tardive, dans les colonies, l'éducation des femmes indigènes. Bammakou a une école primaire de filles, Kayes et Ségou ont une école ménagère.

Mais voici l'autre face des choses : les écoles primaires dirigées par des maîtres français sont au nombre de neuf; comptez-en autant pourvues de maîtres indigènes ou autres, cela fait au total *une vingtaine d'écoles*, pour un pays vaste comme la France, avec quatre millions d'habitants. Ce n'est pas tout. Ces vingt malheureuses écoles restent parfois sans titulaire. En effet, le cadre des instituteurs français est insuffisant en nombre, par suite des cas de maladie et des longs congés coloniaux. De là, irrégularité et lacunes dans les études.

En matière d'instruction publique, tout n'est donc pas pour le mieux dans le meilleur des Soudans. L'état arriéré de cette question frappe d'autant plus que sur tous les autres points les progrès de la colonie en ces quinze années apparaissent si considérables. Je sais les très plausibles excuses : il y eut tant à faire dans ce pays vierge, et les ressources financières furent longtemps si minimes. Mais aujourd'hui que le Soudan possède un budget solide, des recettes régulières qui vont croissant chaque année, et auxquelles l'indigène contribue largement, il est temps de s'appesantir sur le problème scolaire.

J'ai montré qu'il était tout résolu en principe, en théorie si l'on veut. Pour passer à l'application, il semble qu'on ait surtout manqué d'un spécialiste-dirigeant rempli d'une sollicitude minutieuse, d'un fonctionnaire-apôtre brûlant du feu sacré pour la cause du relèvement intellectuel des indigènes. Il ne peut pas ne pas se trouver!

L'école française est la base de toute notre œuvre politique et économique au Soudan : c'est assez dire que sa multiplication s'impose. En ces trois dernières années, M. Augagneur a ouvert à Madagascar cent écoles nouvelles. En Algérie, M. Jonnart s'enorgueillit d'un effort analogue. Le Soudan ne saurait rester en arrière de ce mouvement.

Grâce à nos écoles multipliées, se constituera une société indigène à notre image, familiarisée avec notre langue et nos idées, pratiquant la tolérance et la solidarité, et non l'exclusivisme musulman, qui connaîtra la France, et l'idée de Patrie, et le sens du bien public.

Une population homogène se formera, faite de *Français Noirs,* et seuls des Français Noirs peuvent nous être des collaborateurs et des associés véritables.

## XVIII

Pour que se forment des Français Noirs, à notre initiative doit expressément correspondre le bon vouloir des populations soudanaises. L'esprit public au Soudan apparaît-il favorable ou réfractaire à une telle évolution?

Quand l'un de ces enfants d'éducation française sera devenu homme et participera à la vie courante, dans quelle ambiance se trouvera-t-il? La masse le considérera-t-elle comme un renégat, ou jouira-t-il de quelque estime pour le progrès et le savoir acquis? Graves questions auxquelles il ne suffit pas de répondre par des espérances. Et voici la documentation que j'ai glanée sur mon chemin, quinze ans après mon premier voyage.

Déjà les masses montrent certaines empreintes qui

me parlent, à moi, par la seule vision d'aujourd'hui se juxtaposant au souvenir d'hier. Le voyageur serait très penaud, qui s'encombrerait de marchandises pour solder ses dépenses de route. Il verrait refuser sa pacotille et entendrait exiger des espèces. Cela se passait à l'inverse du temps que je vins ici pour la première fois.

L'usage de notre monnaie est général. Billon, nickel, argent et or circulent. Même le billet de banque est accepté par ceux à qui leur fortune permet de le connaître. Le coquillage-monnaie (*cauri*) n'a pas complètement disparu pour deux causes : le Soudan n'est pas pourvu de pièces d'un et de deux centimes en quantité suffisante ; d'autre part, le bon marché de la vie est tel que l'on peut effectuer des achats de ménage pour des valeurs inférieures à un centime, à quoi sert le coquillage.

Nos poids et nos mesures règlent les transactions dans les centres européens. On y voit aussi les ouvriers adoptant volontiers notre costume, ajusté et plus commode pour travailler que les vêtements flottants. Des constructions d'aménagement européen se distinguent dans les quartiers indigènes et villages voisins de centres français. Les marchés offrent aujourd'hui des légumes et des fruits dont la culture fut introduite par nous. Partout où existe un bureau de poste l'indigène fait grand usage de lettres et dépêches, de mandats postaux et télégraphiques; dans la mesure de ses moyens, il aime à se servir du chemin de fer et de la navigation à vapeur. Tout au bas de l'échelle du progrès, tels sont les faits visibles aussitôt. Notez qu'aucune contrainte ni officielle ni privée n'a imposé ces mœurs nouvelles. Assurément, tout appréciables qu'elles soient, elles dérivent de la commodité ou de la nécessité plutôt que du bon vouloir. De ce dernier sentiment la perception de l'impôt va nous donner indice.

Il s'agit de l'impôt direct, de capitation, qui, sous le nom de « impôt des huttes », a provoqué de si vives résistances et même des révoltes dans les colonies anglaises. Rien de semblable au Soudan. Naguère le Soudanais l'acquittait souvent en nature (produits ou prestations) ; aujourd'hui il le solde en espèces. Et sans grandes difficultés. En général, dans les trois premiers mois de l'année, aussitôt les récoltes rentrées, l'impôt est payé. Que pense de cet empressement le contribuable français? Certes l'impôt est modéré et le pays prospère; pourtant l'absence de difficultés dans la perception résulte aussi de ce que l'indigène reconnaît le bien-fondé de cette charge, pour l'ordre et la sécurité que nous faisons régner.

Ces premières données permettent déjà d'estimer que l'état des esprits n'est aucunement anti-européen. Mais arrivons au point essentiel : des présomptions existent-elles en faveur d'une attirance vers le progrès, certains indigènes marquent-ils de la spontanéité à s'élever au-dessus de l'actuel niveau?

Notre langue représente le premier pas de cette marche ascendante. Par elle se répandront nos idées, nos intentions seront mieux comprises, le progrès facilité. En dehors des écoles françaises, notre parler assez facilement se répand sans leçons, par le seul concours de l'habitude, chez tous ceux qui sont en relations suivies avec nous : employés subalternes de l'administration et du commerce, tirailleurs, gardes-cercles, domestiques, etc. D'aucuns, ayant ainsi appris notre langue de bric et de broc, aimeront à vous montrer leur bagage grand ou petit, ou se plairont, — entre eux — à entamer une conversation française et à faire étalage de leur acquis. Il faut surprendre une de ces joutes. C'est, par moments, un feu roulant de pataquès, d'incongruités et de coq-à-l'âne. On rit, et tout de même on réfléchit...

Voici mieux. Il n'est pas absolument rare de voir un cuisinier, un employé, un boy, un tirailleur, un garde-cercle, penché sur un alphabet ou un livre, tentant d'épeler, s'essayant à lire. La vanité coutumière du nègre joue ici un rôle heureux. Le possesseur d'un livre aime à le tirer de sa poche en présence d'illettrés : vaille que vaille, c'est un peu de propagande. On voit aussi le pseudo-lettré se constituer le professeur d'un camarade ignorant. N'est-ce pas là une note jolie, et touchante à bien des égards?

Cette note ainsi que la faveur dont jouissent les

cours d'adultes parmi les indigènes, me décident à exprimer maintenant un jugement que j'avais entrevu chez les élèves de l'école française de Dienné, mais que je n'avais osé formuler à leur propos : on trouve chez le Soudanais *le désir du savoir*.

N'indique-t-il pas le désir du savoir, le cas de ce caporal indigène de tirailleurs qu'un administrateur de Bandiagara me citait? Le noir était issu des Habès, un peuple qui, situé au nord de la boucle du Niger et un peu isolé, en montagne, n'avait eu avec nous que de tardifs et de rares contacts. Un sous-officier français ayant vaguement initié le caporal à notre langue, celui-ci se mit à suivre les classes de l'école française aussi souvent que son service le permettait, et apprit ainsi à lire et à écrire.

Dans un autre milieu, chez un homme d'une autre race et d'un autre âge, je sais un exemple non moins intéressant. Ahmadou Cheik ou Kalilou était Toucouleur, et appartenait à une vieille et prestigieuse famille de cadis. Vers la fin de sa vie, âgé de soixante ans, l'idée lui vint de connaître le français et de l'apprendre tout seul, ne voulant pas être distancé par son fils qu'il faisait instruire à l'école française. Grâce à un livre primaire, cadeau d'un administrateur, il parvint à lire couramment. Il n'éprouvait de difficultés que dans le parler, hormis quand un verre de champagne avait émoustillé sa langue : à l'appel du vin de France le verbe français semblait couler de source.

On voit assez que l'élève des écoles françaises ne se sentira ni un isolé, ni un renégat dans la vie : notables et humbles témoignent de l'inclination pour le savoir. Il ne faudrait pas comprendre par là que des villages entiers, perdus dans la brousse, se lèvent en fermentation de progrès et se ruent vers nous, suppliant de les perfectionner. Je veux dire simplement que, parmi ces populations, le goût et le désir du mieux sont latents. Que le progrès leur apparaisse en concret, et corresponde à une utilité, à un profit, à un goût, elles n'hésiteront pas à s'y intéresser, à se donner quelque peine pour l'acquérir — si elles en ont la possibilité et le loisir.

Ainsi nos médecins se louent de leurs infirmiers noirs. Ceux-ci se recrutent, on le conçoit, dans le peuple. Ces quelconques se dégrossissent facilement au contact quotidien et prennent conscience de la valeur de l'attention, des soins et de la minutie indispensables à un malade. Ils posent des questions techniques qui décèlent un effort vers une initiation plus haute, et certains arrivent à suppléer très proprement l'homme de l'art dans les cas courants. Il en est qui *proprio motu* commencent des études médicales véritables. Je visitais le dispensaire de Ségou en compagnie d'un jeune fonctionnaire, car le docteur était en tournée de vaccination. Bien que notre visite fût impromptue, toutes choses se trouvaient en ordre et en propreté à souhait. Finalement nous surprîmes l'infirmier noir dans la pharmacie, assis devant une table : il étudiait un manuel de médecine coloniale.

Dans l'ordre commercial, la préoccupation du mieux peut s'observer également. On sait qu'en raison de la nécessité de vendre à bas prix. l'Europe envoie chez les nègres des tissus de qualité inférieure. Eh bien, dans les centres européens situés au milieu de provinces riches, une certaine clientèle commence à être fixée sur l'illusion des étoffes à bon marché. Un goût se dessine en faveur de cotonnades solides et bon teint. Cette évolution intéresse fort notre industrie textile, distancée par l'Angleterre et l'Allemagne en matière de pacotille, mais pouvant lutter pour les étoffes de qualité. Une telle éducation de l'acheteur ne s'observe que dans les centres européens, c'est-à-dire à notre contact. Elle vient à l'appui de la loi économique connue du lecteur : l'homme plus affiné est un consommateur meilleur.

Si l'on s'inquiète maintenant d'entrevoir les espérances permises dans le domaine des mœurs et de la morale, le hasard a mis entre nos mains un document qui peut jeter quelques lumières sur ce sujet si subtil à l'analyse, puisqu'il importe de percer l'intimité de l'individu. Le document est d'ordre intime précisément, direct au surplus. Il s'agit d'une lettre, la lettre d'un indigène. J'aimerais à en faire goûter la moelle à chacun, et m'octroierai donc la permission de commentaires circonstanciés.

Le signataire appartient à un peuple fétichiste qui, au Soudan, n'a pas la meilleure cote pour l'intelligence. Moussa Taraouré est Bambara. Jeune encore, il devint le domestique d'un fonctionnaire du Trésor qui, appréciant ses offices, l'emmena à Paris. Tout en continuant son service, il y fréquenta une école primaire. Après cinq années passées en France, le souvenir de sa mère le rappela au Soudan. Il appert que Moussa n'a pas été l'objet d'une culture intense. Toutefois il lui fut donné de voir en France le progrès sous toutes ses formes; ceci est à retenir.

De retour au Soudan, il cherche sa voie : devient interprète-auxiliaire; démissionne pour s'adonner au commerce; puis réintègre le corps des interprètes et, comme tel, est attaché présentement au cercle de Bammakou.

Replacé dans son milieu d'origine et abandonné à lui-même, âgé de trente-cinq ans aujourd'hui, où en est Moussa quinze années après avoir quitté la France? La lettre que voici, adressée par lui à un administrateur de Bammakou en congé à Paris, sera une première réponse :

« Bammako, le 23 novembre 1908.

« Mon Commandant,

« Dans ma dernière lettre, j'avais oublié quelque chose de *très important* pour *moi*. C'est un grand dérangement que je vous donne. — Vous savez de la façon dont on pile le mil ici au Soudan; très long; et malgré que nous, les hommes ne nous en rendre pas compte, c'est très très pénible. Ma mère qui a fait ce travail pendant longtemps de sa vie n'admet pas que mes femmes encore jeunes s'en dispensent. — Je voudrais cependant bien les soulager un peu si votre dérangement réussissai.

« D'après ceux qui précèdent, je vous demande de vous adresser à plusieurs maisons de commerce de Paris ou d'autres villes ou campagne, et s'il en on pas, aux fabricants; pour leur demander un *moulin à main* qui puisse moudre *10 kilos* de mil environ en moins *d'un quart d'heure,* et le prix. Si les commerçants n'en ont pas, veuillez faire tout votre possible pour m'en faire fabriquer par un fabricant. Cependant, avant qu'il commence le travail, que le prix de la *qualité durable* me soit indiqué, emballage compris.

« Voici mon Commandant le plus grand service que je puis vous demander pour le moment.

« Je termine en vous remerciant infiniment d'avance et vous serre la main très respectueusement.

« Votre tout dévoué,

« M. TARAOURÉ. »

Je n'ai eu garde de changer au texte si peu que ce soit. L'écriture, très claire, ne trahit ni l'application, ni la préoccupation de calligraphe; la ponctuation est exacte, les alinéas viennent à leur place. Les mots soulignés dans l'original (en italiques, ici) le sont avec beaucoup de justesse. En tant que lettre, cette lettre est parfaite, car elle dit bien ce que le signataire a voulu dire. L'orthographe, pour être parfois phonétique et manquer d'accords, ne laisse cependant de correspondre à une instruction primaire : Moussa n'en a rien laissé perdre durant ces quinze dernières années, voilà déjà le certain.

De-ci, de-là, une phrase arrête, trahissant quelque recherche d'expression. Ce n'est pas au baragouin des autres noirs, ni au parler lâché des colons que notre homme a pu emprunter ces formes. En effet, depuis son départ de France, Moussa n'a cessé de compléter son bagage intellectuel. Chez lui se retrouve cette note d'autodidaxie si souvent signalée. Il s'adonne aux lectures françaises : rencontre-t-il des mots ou des phrases qu'il ne comprend pas, il les souligne au crayon et en demande le sens à la première occasion. De ces lectures viennent sans doute certaines tournures choisies de la lettre. J'ajouterai que Moussa connaît aujourd'hui les nombreux idiomes du Soudan et l'arabe, qu'il lit et écrit.

Le goût de l'instruction et ses fonctions d'interprète l'ont même conduit à devenir auteur : il a rédigé à l'usage des Européens un manuel de conversation français-bambara. L'altruisme de cette initiative ne saurait échapper, car Moussa n'a jamais pu en espérer un profit; il cadre d'ailleurs avec l'objet même de la lettre.

L'administrateur de Bammakou rentrant en France avait obligeamment autorisé son interprète à user de lui pour quelque achat. Moussa ne pense pas à des colifichets. A la maison, matin et soir on pile le mil, la céréale qui constitue la nourriture fondamentale des indigènes dans la région de Bammakou. Il a observé que le pilage du mil était « très long »; mais surtout « très, très pénible ». Oh! pas pour lui! Pour ses deux épouses. Il voudrait les soulager. Arriver à cela n'est pas simple du tout.

D'abord il y a la vieille mère, une primitive obstinée, qui lève les bras au ciel : comment! d'autres ne trimeraient pas là où elle-même a trimé? Ce n'est évidemment pas de la bonne femme que le fils tient le goût du progrès... Autre lutte intéressante. Un moulin à main pour moudre le grain — Moussa ne se souvient pas d'en avoir vu à Paris. Il prévoit la nécessité de démarches multiples dans la capitale, et même en province. On sent que l'idée du moulin ne lui est pas venue comme un papillon qui tout à l'heure disparaîtra; il s'y cramponne et se montre à la fois ami et initiateur de progrès : si un pareil moulin ne se trouve pas dans le commerce, il faut lui en faire construire un : il pose donc les données du problème à résoudre. Avant de confirmer la commande, il s'inquiète d' « une qualité durable, » et du prix, « emballage compris ». Saurait-on se montrer plus judicieux et plus avisé?

L'acte est complet, et cet acte est une bonne action, et des plus nobles. Au foyer français où il fut domestique jadis, il a vu que la femme n'était traitée ni selon le mode rude des primitifs, ni selon les mœurs abêtissantes de l'Islam; et il lutte, et il s'ingénie, pour que ses épouses goûtent, elles aussi, la douceur de vivre... Il cultive donc le mieux non pour lui seulement, mais pour autrui. Et cela est particulièrement beau chez un fils de primitifs, car telle se manifeste, si je ne m'abuse, la plus haute expression morale de la civilisation.

On sait combien facilement la vanité s'exalte chez les noirs. Moussa, glorieux de son vernis de France et conscient de sa supériorité locale, est-il tombé dans l'ornière? Une gratitude sans fadeurs et un respect sans platitude s'expriment dans la lettre, pour le « grand service » et le « grand dérangement » sollicités. La note est juste. Cette mesure se retrouve dans la vie actuelle de Moussa, empreinte de dignité et de discrétion. Ses appointements lui permettraient, au Soudan, d'afficher quelque luxe. Son costume ne révèle pas d'ostentation, une bonne tenue seulement. Il ne se répand pas dans les palabres, mais vit de préférence entre sa mère et ses épouses. On ne le voit jamais entouré de ces bardes (*griots*) du pays qui pindarisent sur les mérites hypothétiques de tout chacun en mesure de les payer. Le cas est si rare que ces parasites le détestent — littéralement — pour cette tradition rompue.

L'imprévoyance, fréquente chez le noir, ne se constate pas chez Moussa. Sans incliner vers l'excès contraire, il montre l'esprit d'économie, demandant des conseils pour des placements en valeurs françaises, et, mieux encore, faisant fructifier lui-même son pécule. Possesseur de terres auprès de Bammakou, il en dirige l'exploitation qui comporte, outre les cultures indigènes, maints légumes et fruits européens ou tropicaux introduits par nous, et son exemple a entraîné d'autres noirs. Mais il faut conclure.

Il y a quinze ans un noir, fétichiste, d'une race nullement réputée pour son intelligence, a vu en France le progrès sous toutes ses formes ; il est ensuite livré à son libre arbitre ; et aujourd'hui un individu apparaît ayant moralement, intellectuellement et matériellement évolué vers le Progrès dans toute la mesure que comporte sa situation.

De tels résultats nous sont un bel encouragement dans la tâche d'éducateurs, et doivent nous inciter en des efforts multipliés et nouveaux, car le noir ne semble réfractaire à aucun : ils témoignent aussi qu'en récompense, un temps viendra où sur cette terre d'Afrique lèvera une moisson de Français Noirs.

## XIX

Dienné est loin. Nous avons passé encore devant Sansanding, Segou, Nyamina. Un matin, deux grandes taches apparaissent, blanches, sur un flanc sombre de montagne de la rive gauche du Niger. Notre petit vapeur ralentit l'allure, salue la terre en hissant les couleurs, siffle pour se manifester. Et bientôt le rivage réplique par une autre stridence qui cependant nous paraît mélodieuse et captivante comme un chant de sirène — le sifflet d'une locomotive.

Enfin nous avons atteint Koulikoro, terminus de la navigation à vapeur et tête de ligne, sur le Niger, du chemin de fer du Soudan.

L'ancre tombe précisément devant les deux points blancs qui se révèlent deux superbes bâtiments en pierre, cubiques, découpés par des arceaux, plantés là comme un pylône qui marquerait l'entrée de quelque chose : ils proclament l'orée du Soudan européanisé où notre empreinte s'est intensifiée grâce à ce parfait outil qu'est le chemin de fer. D'un instant à l'autre notre vie change. Au lieu de s'inquiéter d'une case hospitalière ou d'un emplacement de tente, on prend benoîtement le chemin de l'hôtel... Et quel hôtel. Il faut en parler! Rien de commun avec les vagues auberges coloniales que vous imaginez.

L'hôtel n'est autre, en effet, que ces deux superbes constructions dont la seule vue donne une joyeuse impression de confort. Les arceaux de pierre par quoi se découpent et s'allègent les façades, montrent des vérandas larges à circuler en voiture, où s'ouvrent, ombragées mais aérées, les pièces diverses, où courent les escaliers des étages : à poursuivre ceux-ci on débouche sur un toit-terrasse duquel la vallée du Niger apparaît en un panorama grandiose.

Dans l'un des bâtiments sont spacieusement installées les salles de café et de restaurant. Selon les principes sacrés du gourmet on y peut manger chaud et boire frais, car la glace ne manque pas. Le second bâtiment est réservé au logement des hôtes.

Prenons une chambre quelconque puisque l'aménagement de toutes est identique. Point de vitres aux fenêtres ni aux portes, mais des toiles métalliques, favorables à la circulation d'air, aux moustiques hostiles. Un tub spacieux invite aux ablutions. Sauf la table, tout le mobilier est en fer : lit, toilette, chaises, patères, etc. D'ailleurs, pour causes de termites et autres vermines des tropiques, pas un atome de bois n'est entré dans le gros œuvre des constructions — de la pierre et du fer seulement. Des carrelages remplacent les planchers, et les pièces, très hautes, sont toutes blanches d'un lait de chaux aseptique. Une salle de douches n'a pas été oubliée; quant aux cuisines, elles occupent, à distance, un petit bâtiment particulier.

Quelle leçon de choses complète s'offre à l'hôte, colon ou fonctionnaire! D'abord dans la robustesse des constructions, si opportune contre les assauts du soleil ardent et des tornades violentes, et puis dans cette installation où la simplicité va néanmoins de pair avec le confort, où tout a été prévu pour faciliter la santé, la propreté, un entretien aisé et aussi la durée.

Maintenant pensez que vous êtes ici dans l'Afrique intérieure, à 1.500 kilomètres de la côte et de ses facilités, et sachez que vous pouvez parcourir tous les pays depuis Tanger jusqu'au Cap, dans aucun — qu'il soit colonie anglaise, allemande, belge, portugaise, espagnole ou française, pas même dans les villes côtières comme Dakar la Nouvelle, Konakry la Récente, ou Saint-Louis du Sénégal la Centenaire —

vous ne trouverez un hôtel d'aménagement aussi judicieux.

Au Soudan, il n'est point unique. Sur deux autres points vitaux du chemin de fer une hospitalité semblable vous attend : à Bammakou, l'actuelle capitale de la colonie, et à Toukoto, point médian de la ligne du Sénégal au Niger, où le voyageur est obligé de coucher, car les 500 kilomètres du trajet doivent s'accomplir en deux jours, les trains ne circulant pas de nuit. On devine que ces hôtels modèles ne sont pas dus à l'initiative privée, le Soudan n'étant pas encore la coqueluche des touristes. Ils sont entreprise de la colonie, laquelle les ayant construits et aménagés, les a donnés en gérance.

Mais encore fallait-il que quelqu'un conçût de pareils exemples de confort et d'hygiène. Ce rôle d'éducateur colonial fut admirablement rempli par une personnalité envers qui le Soudan a contracté une de ses plus grandes dettes de reconnaissance, par le véritable créateur du chemin de fer Sénégal-Niger, par celui qui est aujourd'hui le général Rougier.

A l'encontre de tel autre constructeur de chemin de fer africain, Rougier est profondément ignoré du public, car il n'assassina pas de notules les journaux et les périodiques après chaque kilomètre de voie posé, et ne se produisit pas dans les banquets. Mais son œuvre, longtemps, parlera à la mémoire des hommes : on ne saurait désirer de stèle plus belle. Je veux la montrer.

Vers 1880, l'Algérie, l'Égypte et le Cap étaient encore les seuls pays du continent noir qui connussent la locomotive. Ainsi le chemin de fer du Sénégal au Niger, commencé en 1881, fut le premier chemin de fer colonial entrepris par une nation européenne dans l'Afrique tropicale. Faidherbe conçut cette initiative hardie qui faisait dire en ces temps-là à l'explorateur autrichien O. Lenz : « L'idée de cette voie ferrée est grandiose. Les résultats en seraient magnifiques. Mais il y a de grosses difficultés à vaincre. Les Français auront-ils assez de persévérance et d'esprit de suite pour mener à bonne fin une pareille œuvre? »

Il n'y parut pas tout d'abord. Une entreprise privée commença les travaux, gaspilla les premiers crédits du Parlement, et finit dans le scandale. On décida de militariser le travail. Ce terrible touche-à-tout qu'est l'artillerie coloniale revendiqua la tâche (1888). Nouveau gaspillage d'argent, et encore quatre années perdues. Un vif découragement régnait, quand on s'avisa enfin d'une solution logique (que Faidherbe avait d'ailleurs indiquée dès le début!) : faire appel aux officiers du régiment du chemin de fer.

D'un tracé comportant 500 kilomètres, 126 seulement avaient été exécutés en treize ans, et d'une voie si défectueuse que tout était à refaire! C'est dans ces circonstances de démoralisation et de désorganisation qu'en 1894 se mit à l'œuvre le commandant du génie Rougier. Un bel aplomb physique, avec un peu de carrure, pas trop de nerfs, mais de l'entrain et de la ténacité, un cerveau de clarté latine à quoi l'École polytechnique avait ajouté de la méthode, le tout enveloppé d'une bonne humeur inaltérable, c'était un beau type de Français, et le type idéal du colon. Ayant envisagé la situation avec calme, il se promit de ne quitter définitivement le Soudan que lorsque le rail aurait atteint le Niger — à moins que la mort ne l'arrêtât en chemin. Et d'abord il s'arrangea pour vivre.

J'ai rapporté déjà qu'à cette époque on mourait beaucoup au Soudan parce qu'on y vivait à la diable. On négligeait même l'élémentaire de ce confort européen auquel tous avaient été habitués, et on le négligeait moins par nécessité que par insouciance, chacun ne songeant qu'à camper et à passer dans le pays. Rougier procéda en tout comme s'il y devait rester éternellement, comme si le Soudan construirait des chemins de fer jusqu'à la fin du monde. Il s'installa. Et, en même temps qu'ingénieur colonial, il s'improvisa *éducateur colonial :* là est un des très beaux côtés de son rôle.

En effet, par une installation confortable se ménage ce capital précieux qu'est, pour la mise en valeur de pays neufs et de populations primitives, la vie des Européens. Par ailleurs, le confort permet d'obtenir de ceux-ci le rendement maximum de leurs facultés et acquis supérieurs. Enfin le confort apporte un enseignement aux indigènes, de qui l'œil s'éduque et la pensée est suggestionnée, en qui naît ainsi l'ambition du mieux.

Au retour des chantiers brûlants, officiers du chemin de fer, sous-officiers, simples sapeurs trouvaient, comme le directeur, de belles bâtisses trapues, où des pièces hautes, spacieuses, aérées et ombragées, leur permettaient de goûter pleinement le repos. Le personnel fixe des stations eut de véritables bâtiments de gare, et ne moisissait plus ou ne rôtissait plus, selon les saisons, en des huttes. Vous pensez bien que Rougier s'inquiéta pareillement de la table, et comment! Il prêchait que chacun eût, dès le lever, un repas substantiel. « Nous sommes des terrassiers, » appuyait-il. Et l'on buvait sec et l'on mangeait fort au chemin de fer.

Le commandant était, je soupçonne, de quelque coin gourmand du Midi. Il fallait le voir revenir de France après un congé, remontant au Soudan avec des colis nombreux, très précieux aussi, à en juger par la sollicitude dont il les entourait en route. C'étaient des bocaux d'anchois et de cornichons, de confits et de confitures, calés par des saucissons et des jambons. Une façon de coopérative permettait au personnel de s'approvisionner au plus juste prix. En outre, le chemin de fer fabriquait de la glace, qui chaque jour était distribuée jusqu'aux chantiers les plus éloignés par le train de ballast, lequel apportait de même les produits d'un potager fameux.

Un poème, ce potager! En dépit des plus catégoriques et des plus sinistres affirmations, il produisait tous les légumes d'Europe, depuis les plus rustiques jusqu'aux plus raffinés, comme petits pois, haricots verts, choux-fleurs, etc. On parvint à y réussir même des fraisiers. Des fraises au Soudan... Un poème, vous dis-je!

Ainsi qu'il convient entre Français, Rougier fut d'abord blagué, et copieusement. Aux persifleurs il aimait à riposter par une invitation à dîner. C'est ce qu'il appelait la propagande par le fait. De vrai, ses invités rapportaient d'inoubliables souvenirs... Aussi, quand eut sonné pour lui l'heure délicieuse de la tâche accomplie, avant de rentrer en France pour toujours, il voulut faire dans le pays une suprême propagande et conçut l'ordonnance modèle des hôtels du Soudan.

Serviable à tous, simples colons, commerçants ou curieux, militaires de toutes armes, fonctionnaires de tous services, il avait un sourire paternel pour tous, y compris les noirs. On ne le nommait que sous ce vocable charmant : *le papa* Rougier. Par exemple, il était des heures auxquelles sa face de bon vivant devenait féroce, aux heures de travail. Alors il mettait bas le dolman, déboutonnait le col de la chemise, en retroussait les manches et semblait un lutteur prêt à se mesurer avec Hercule. La besogne n'était pas mince, en effet! L'ingénieur colonial se montra à hauteur de l'éducateur.

Voici que ce pays décrié se révéla plein de ressources. On faisait venir d'Europe (à quels frais!) une foule de choses essentielles qu'en s'ingéniant on pouvait trouver sur place. Rougier créa des usines à chaux et des briqueteries pour ses multiples constructions, une huilerie d'arachides pour le graissage de ses nombreuses machines, locomotives et autres. On importait du Maroc, voire de Chine, des terrassiers. Pour les travaux d'atelier, des ouvriers venaient d'Europe. Il entreprit de dresser les indigènes à toutes ces fins.

De ces nègres accoutumés à construire en paille et en torchis, il fit des carriers, des tailleurs de pierre, des maçons pareillement familiarisés avec les bétons et avec les mortiers; de ces nègres qui ne savaient mener que des bourriquots ou des bœufs porteurs, il fit des conducteurs de locomotives. Les machines qui circulent au Soudan ont, exclusivement, des mécaniciens noirs dont quelques-uns sont hors pairs et peuvent, à dire d'expert, rivaliser avec la moyenne de ceux qui sortent de nos écoles des Arts et Métiers.

Il fit surgir de la brousse une armée de terrassiers, et des chauffeurs, et des forgerons, et des riveurs, et des monteurs, et des charpentiers, et des menuisiers, et des aiguilleurs, et des poseurs de voie, et des conducteurs de train, que sais-je? Le chemin de fer fut la première école professionnelle de la colonie. A Rougier est due la création de la main-d'œuvre soudanaise.

Au milieu de la ligne du Sénégal-Niger, à Toukoto, de vastes ateliers pourvus d'une série complète de machines-outils, avec fonderie, marteau-pilon, scierie, menuiserie, etc., permirent d'entreprendre n'importe quel travail. Il s'y construit présentement des bateaux à vapeur pour le Niger! Lorsque les grands travaux de la voie eurent pris fin, grâce à la superbe assiette donnée dès le début par Rougier à son œuvre, le Soudan se trouva tout naturellement à la tête d'un service des Travaux publics incomparable, tel que n'en possède aucune autre colonie africaine, outillé à souhait, pourvu d'un personnel complet, et surtout de traditions et d'expérience. Il est fort dommage que les Travaux publics de toutes nos colonies ne soient issues d'origines aussi logiques. Le gaspillage de bien des millions eût été évité, au Sénégal notamment.

Les travaux publics en pays tropical sont particulièrement déconcertants pour l'ingénieur européen à cause des pluies diluviennes de la saison humide. Rien mieux que la construction d'un chemin de fer n'est propre à poser les divers problèmes. Sauf le tunnel, toutes les difficultés se présentèrent sur la voie du Soudan qui offre, entre autres, une série de ponts remarquables, et toutes furent résolues sainement, franchement.

La ligne du Niger n'a rien de commun avec cette camelote de chemin de fer qui est l'ordinaire des lignes coloniales, bâclées par des entrepreneurs avides. C'est du vrai travail français, beau et honnête, dont un voyageur anglais de renom, H. Savage-Landor, a pu dire en toute justice : « Rarement on a vu une ligne coloniale aussi admirablement établie. La voie est bien ballastée, les locomotives et ateliers de réparation sont tenus de façon excellente, et les ponts aussi bien que les gares construits de la manière la plus pratique et la plus solide. *En somme, je ne sais pas si, dans le cours de tant d'années que j'ai passées en voyage, j'ai jamais vu un chemin de fer mieux construit que le chemin de fer de Koulikoro à Kayes.* »

D'autres hommages topiques et précieux échurent à l'œuvre de Rougier. Les divers chemins de fer de l'Occident africain, belges, anglais, aussi bien que français, se disputèrent le personnel nègre dressé par lui et devenu disponible à l'achèvement des travaux. Mieux encore. Les Guyon, les Calmel, les Houdaille, les Crosson-Duplessy, etc., qui étudièrent ou construisirent les lignes du Congo, du Dahomey, de la Côte d'Ivoire, etc., ne sont autres que des officiers du génie formés à l'école du Soudan. Le commandant Fréry, directeur des travaux de la grande ligne de Thiess à Kayes qui reliera demain le Niger à la baie de Dakar, est également un de ses élèves. En même temps que ceux-ci appliquent la technique expérimentée et honnête du maître, ils professent ses traditions de confort, de sociabilité et de modestie.

Ainsi l'œuvre de Rougier a pris, avec les années, une ampleur magnifique : son esprit d'éducateur, de pionnier et d'ingénieur plane sur toute l'Afrique occidentale française... N'est-il pas vrai qu'il fallait ravir à l'ombre recherchée ce parfait serviteur de son pays?

Sans doute apprendra-t-on encore avec intérêt que cette ligne modèle du Sénégal-Niger représente aussi une bonne affaire pour la colonie. Située à 1.500 kilomètres des côtes, il manquait à celle-ci un instrument de drainage de ses produits. Le Soudan ne pouvait guère sortir que des produits riches, exceptionnels, tels que le caoutchouc, l'or et un peu d'ivoire, car seuls ils pouvaient supporter les prix exceptionnellement élevés du portage. Nombre de richesses existantes, mais de valeur moindre, et lourdes, demeuraient vaines pour le commerce. Grâce au transport économique de la voie ferrée, mil, riz, maïs, arachides, peaux, laines, sésame, indigo, beurre de carité, etc., purent quitter ce vaste grenier qu'est la vallée du Niger. Et puis le chemin de fer créa des richesses.

Des débouchés se montrant, l'indigène augmenta spontanément sa production. Ceci fait justice de ce vieux cliché de la « paresse des nègres », né en ces temps odieux où, esclaves, ils travaillaient sous le fouet, cliché dont les voyageurs myopes usent volontiers encore. En réalité, l'appât du gain ne manque pas de stimuler au travail le noir, comme il y pousse le blanc, n'est-ce pas? Travaillant pour lui-même, le nègre sait, lui aussi, être infatigable. Voyez ce qui advint au Soudan pour les arachides. L'indigène n'en cultivait que pour la consommation locale. Aujourd'hui le chemin de fer en exporte des milliers de tonnes. De tout ainsi. On pensait qu'au début les trains reviendraient à vide du Niger : on est obligé d'y envoyer des trains vides!

Dès la première année de sa mise en exploitation complète (1907), la ligne rapporta, net, 1.600 francs par kilomètre. En ces dernières années, le bénéfice total s'est constamment tenu aux environs du million.

Je crains seulement qu'on ne se pique de montrer de trop beaux résultats. D'où certaines économies inconsidérées. J'en ai à celle qui chipote sur le combustible des locomotives et autres machines : le charbon est importé en quantités tout à fait insuffisantes, et l'on demande au bois le complément. Malheureusement le Soudan ne possède pas les réserves forestières de la Russie, du Dahomey ou de la Côte d'Ivoire.

La question du reboisement s'y pose, à telles enseignes que, dès 1907, une mission était chargée d'enquêter sur ce sujet et de chercher des solutions. La première et la plus simple serait de respecter les forêts et les bois existants. Assurément les coupes sont interdites aux indigènes, aux colons, et même aux services publics. Mais jugez ce que doit peser cette interdiction, quand l'Administration donne elle-même le très regrettable exemple de chauffer au bois ses locomotives et ses bateaux à vapeur! Chacun sait aujourd'hui les funestes conséquences du déboisement en Europe. Il n'est pas difficile de prévoir ses effets en ces pays tropicaux qui subissent, chaque année, toute une saison où les pluies tombent torrentielles. Avant peu, les économies présentes seront changées en dépenses centuples.

Il faut mettre fin au déboisement d'autant plus résolument que le rail, et avec lui la machine, pénètre de plus en plus ces pays. J'ai parlé tout à l'heure d'une voie ferrée en construction entre Kayes et Dakar : 700 kilomètres nouveaux relieront demain le Soudan à la mer, de sorte que 1.300 kilomètres de rail, d'un seul tenant, conduiront vers l'Afrique intérieure française.

Huit jours de voyage commode suffiront pour se rendre de Dakar à Tombouctou. Peut-être ce chiffre n'enthousiasmerait-il pas, à première vue, les esprits casaniers. Pour en montrer la valeur, je placerai en regard le record que j'établis : en mars 1895, sur ce

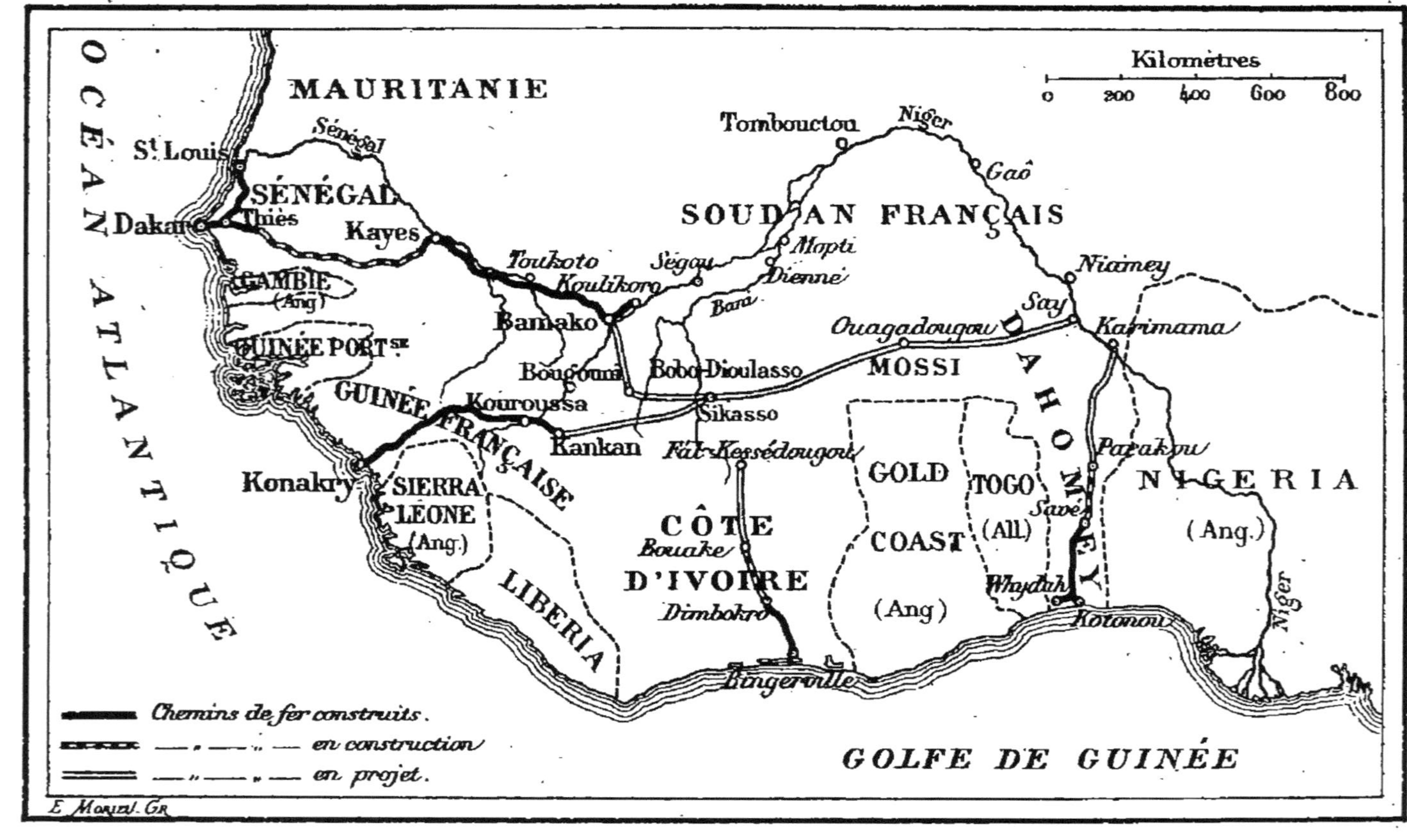

OCÉAN ATLANTIQUE
MAURITANIE
Kilomètres
0 200 400 600 800
St Louis
Sénégal
SÉNÉGAL
Dakar
Thiès
Kayes
Tombouctou
Niger
Gaô
SOUDAN FRANÇAIS
Mopti
Ségou
Dienné
Toukoto
Koulikoro
Niamey
Say
Karimama
GAMBIE
(Ang)
Bamako
Bani
Ouagadougou
GUINÉE PORTse
Bougouni
Bobo-Dioulasso
MOSSI
DAHOMEY
GUINÉE FRANÇAISE
Kouroussa
Sikasso
Kankan
Fàt-Kessédougou
Parakou
Konakry
SIERRA LEONE
(Ang.)
GOLD COAST
(Ang)
TOGO
(All)
Savé
NIGERIA
(Ang.)
CÔTE D'IVOIRE
Bouake
Dimbokro
Whydah
Kotonou
Niger
LIBERIA
Bingerville
Chemins de fer construits.
— " — " — en construction
— " — " — en projet.
GOLFE DE GUINÉE
E. Morieu. Gr.

même parcours, voyageant jour et nuit en chaland sur le Niger et le Sénégal, doublant les étapes sur terre, quarante-cinq jours me furent nécessaires.

Si cette vieille dame qui a nom les Messageries Maritimes consentait à se mettre à l'unisson du progrès... africain, le voyage de Tombouctou, avec Paris pour point de départ, pourrait se faire en quatorze jours. Hélas! malgré les grosses subventions dont elle est l'objet, depuis quinze ans elle n'a pas réduit d'un quart d'heure la durée de la traversée de Bordeaux à Dakar, cependant que des compagnies de navigation non subventionnées parviennent à effectuer le voyage de France en un jour de moins qu'elle!

Quand seront terminés ces 1.300 kilomètres de la mer au Niger, j'ai lieu de croire que le rail pénétrera maintenant vers l'Est, à travers les riants et opulents pays de la Boucle du Niger. On se rendra en wagon jusqu'à Say, c'est-à-dire aux abords du lac Tchad. *Trois mille* kilomètres de voie ferrée conduiront alors de Dakar au cœur du Continent Noir. Au Trans-Africain (du Cap au Caire) des Anglais, au Trans-Sibérien des Russes, aux Trans-Américains des Yankees et des Canadiens nous pourrons opposer le Trans-Soudanais français.

Le rapide développement de l'Afrique occidentale française montre du reste qu'un pareil projet n'offre rien de chimérique. C'est à ses chemins de fer qu'elle doit cet essor. En ces pays et chez ces peuples primitifs le rail joue le rôle merveilleux d'une baguette de fée : par lui touchés, ils s'éveillent à l'instant de leur torpeur millénaire.

Et ainsi s'accomplit la prédiction qui épigraphiait, en 1895, ma première étude sur le chemin de fer du Sénégal-Niger : « L'avenir en Afrique est à ceux qui appliqueront le plus tôt et le plus vite possible cette vérité pourtant si simple : Il faut des chemins de fer. »

# XX

« Quelle culture convient-il de développer au Soudan en vue de l'exportation? A parcourir le pays, il est impossible de n'être pas frappé de l'abondance et de la variété des pieds de coton que l'on trouve partout sur son chemin — jusque dans les rues de Tombouctou !

« Plante basse, buisson, arbuste, le cotonnier se rencontre en toutes ses variétés, sous tous les aspects. Or, il manque précisément à la France une colonie productrice de coton. Tous les ans nous payons aux Américains et aux Anglais des tributs qui se chiffrent par millions à la centaine.

« Le Soudan est destiné à nous en affranchir et à devenir notre grand centre de production cotonnière : telle est la réflexion qui vient à l'esprit à chaque pas dans la vallée du Niger. »

C'est en ces termes qu'en 1895 j'avais prédit au Soudan qu'un jour il serait la grande colonie cotonnière de la France, et en 1898 le général de Trentinian avait fait étudier la q estion méthodiquement. Par ses soins des échantillons de coton soudanais furent analysés au laboratoire, puis estimés par la Chambre de commerce du Havre où se tient notre grand marché des textiles. Les gens de science avaient déclaré : « Le coton du Niger convient à la filature. » Les commerçants avaient apprécié : « Il correspond aux qualités moyennes de l'Inde, et vaut 1.000 francs la tonne. »

Avec de pareilles données on peut croire que le Soudan, colonie cotonnière de la France, n'est pas une billevesée. Je pensais donc trouver le coton, avant tout autre, parmi les produits dont s'alimente le fret de retour du chemin de fer du Niger. A ma vive surprise les statistiques ne le mentionnent que pour un tonnage insignifiant, soyons franc, ridicule. Rien ne saurait mieux révéler l'état de la question. C'est l'échec — un échec complet.

Pourtant l'Association cotonnière coloniale de France s'est très particulièrement occupée du Soudan, et depuis pas mal d'années ! Il faut rappeler ses origines et son but. Au commencement de ce siècle, un trust américain ayant accaparé toute la récolte de coton des États-Unis et la filature européenne se sentant menacée, des associations surgirent en France et en Angleterre pour encourager et développer la culture de l'indispensable textile dans les colonies.

A travers les années, l'Association française avait donné l'impression d'une grande vitalité. Les journaux enregistraient périodiquement des communiqués constatant les efforts et les succès de ses agents, et rapportaient l'écho de banquets cotonniers qui étaient tout congratulations. Un échec seulement semblait avoir marqué l'existence de la société : la Chambre refusa un peu sèchement certaine grosse subvention sollicitée par elle. Et une pareille attitude du Parlement m'avait paru incompréhensible.

Je la comprends maintenant, après avoir vu par moi-même l'action de l'Association dans la vallée du Niger. Il faut le dire net, si paradoxale que se présente la chose : le développement de la production cotonnière a échoué au Soudan grâce à l'Association cotonnière.

Les plus lourdes fautes ont été commises. Un parallèle les montrera clairement. Vers le même temps que l'Association française se mettait à l'œuvre au Soudan, l'Association anglaise portait ses efforts sur la colonie britannique du Lagos, un pays du Niger aussi, analogue par conséquent de climat, de sol, de population et où, comme au Soudan, le coton fait partie de la flore locale.

Avant toute chose, les Anglais s'inquiétèrent d'un spécialiste en culture de coton, et le trouvèrent aux

États-Unis en la personne du professeur Koffmann qui s'était distingué au service du gouvernement américain. Ce technicien se rendit au Lagos et s'établit à Abéo-Kouta, centre agricole et commercial du pays. Il commença par étudier le terrain et le climat, parcourut la région, gagna ainsi la confiance des grands chefs, et se fit connaître de la population. Maître de son sujet par ces préparations, Koffmann se mit en devoir de donner des conseils techniques aux cultivateurs, les assura de l'écoulement de leurs récoltes, fit venir des machines à égrener le coton et à le presser en balles. Puis, l'heure venue, il acheta pour le compte de l'Association tout le coton qu'il plut aux noirs de lui apporter.

Dès 1903, plusieurs centaines de balles furent expédiées à Liverpool, et depuis, le cultivateur indigène, alléché, a augmenté d'année en année ses ensemencements. Le commerce est venu et a fait le reste : en 1909, la Nigeria a exporté 2.000 tonnes de coton. Ce processus logique et simple correspond aussi très exactement au but désintéressé, d'utilité publique, de la société.

C'est précisément l'opposé qui caractérise l'action de l'Association cotonnière française. Aucune étude préalable ni du terrain, ni du climat. Au lieu d'un, elle envoya des agents, fruits secs des carrières civiles et militaires, qui ignoraient tout du coton. Et ils opérèrent en conséquence ! Munis de sacs contenant des graines de coton américain, ils parcoururent le pays et prêchèrent aux noirs d'arracher les pieds indigènes et de planter les nouvelles semences dont ils promirent merveille et fortune. Pourquoi cette croisade au nom du coton américain? Voici :

Fondée au nom de l'intérêt public, l'Association avait dévié aussitôt vers certains intérêts particuliers. Au principe initial et simple : faire produire du coton à nos colonies, elle en avait substitué un autre, pas simple du tout : faire produire du coton américain. Dans quel but? Pour impressionner le trust américain d'une part, et encore parce que les machines de certains membres de l'Association n'étaient pas au point pour tisser le coton africain. Alors, n'est-ce pas? plutôt que d'améliorer les machines, la logique imposait de lancer ces bonnes têtes de nègres dans une culture nouvelle et inconnue! Ce pendant que la filature anglaise se déclarait prête à prendre ce même coton africain non plus à 1.000 francs la tonne (estimation de la Chambre de commerce du Havre), mais bien à 1.200 et à 1.300 francs.

Les noirs, dociles aux suggestions des agents de l'Association, lesquels jouissaient de l'appui des fonctionnaires de la colonie, abandonnèrent leurs habituelles plantations, défrichèrent des terres, y mirent les graines américaines et s'imposèrent à leur égard une culture nouvelle, compliquée infiniment par rapport aux soins coutumiers et faciles dont savent, se contenter les cotonniers indigènes. Et ils attendirent la récolte mirifique promise...

Ce fut le désastre qui vint. Cinq années consécutives donnèrent les mêmes et décourageants résultats. La plante américaine ne se montra pas assez robuste pour résister aux parasites, mais surtout elle ne s'accommoda aucunement des conditions atmosphériques du Soudan. L'incompétence des agents de l'Association ne s'était pas arrêtée un instant à cette considération, élémentaire pourtant, que l'Afrique et l'Amérique pouvaient ne pas avoir le même climat.

Ayant abusé de la sorte et de l'autorité de l'Administration et de la bonne volonté de l'indigène, qui se sentit berné et découragé, l'Association cotonnière se décida à entrer dans la voie normale, c'est-à-dire qu'elle adopta la tactique anglaise au Lagos. Du coton américain il ne fut plus question. La société n'eut plus au Soudan qu'un délégué unique, qui au moins avait été prendre aux États-Unis une teinte de la question. Il se préoccupe aujourd'hui de sélectionner les espèces parmi les cotonniers indigènes, prêche des améliorations de culture, installe des égreneuses et effectue des achats de coton local. Pourtant ces achats ont encore été l'occasion d'un procédé regrettable. On a imposé à l'indigène de vendre son coton 0 fr. 15 le kilo, alors que le prix courant sur les divers marchés ne laisse pas d'être supérieur. Au lieu d'une prime d'encouragement qui semblait due aux noirs pour leurs déboires, c'est quasiment une prime de découragement que leur offre l'Association.

J'ai tenu à révéler toutes les erreurs commises en matière de coton, ainsi que j'ai noté précédemment les fautes dont le chemin de fer, l'aigrette, la laine et les cuirs ont été l'objet au Soudan. Il importe que les métropolitains sachent comment aux colonies sont compromises les causes les plus justes. On part avec une hâte fébrile, enfantine, sur des questions insuffisamment étudiées, et l'on échoue. Alors on s'en prend à l'idée, et l'on vient semer l'erreur et le découragement dans la Métropole.

Le Soudan sera un jour la grande colonie cotonnière de la France, voilà de quoi je demeure plus que jamais convaincu. Que l'on multiplie simplement les centres d'égrenage et que l'on achète aux indigènes toute leur production, non à des prix arbitraires, mais justement réglés par la loi de l'offre et de la demande : à cela doit se borner, pour l'heure, l'action de l'Européen. Quand sur le marché soudanais aura apparu la quantité, le producteur, ambitieux de prix meilleurs, sera contraint de s'inquiéter de la qualité, c'est-à-dire d'améliorer ou de changer ses cultures. Tel est l'ordre naturel et logique en tous pays pour n'importe quelle production. En vérité, convient-il de violenter cet ordre quand le producteur est un primitif ?

En matière de textiles, le Soudan paraît d'ailleurs

avoir un bel avenir non par le coton seulement — si je m'en rapporte aux très intéressantes études et expériences dont les résultats m'ont été communiqués à Koulikoro, au Jardin d'Essais, qui est l'école d'agriculture de la colonie.

On y a retenu certain chanvre indigène appelé *dâ* dans la vallée du Niger, où il se rencontre un peu partout à l'état d'herbe folle. Les peuplades de pêcheurs le connaissent de longue date, savent le rouir et le défibrer, le travaillent en cordages que l'eau n'attaque point; bref, l'apprécient si fort qu'elles n'hésitent pas à le cultiver parfois. Ce jute soudanais correspondrait, pour ses qualités de résistance et de longueur, aux bonnes espèces de Calcutta et de Chine, dont les prix sont très rémunérateurs.

D'autre part, la station agronomique s'est préoccupée de l'acclimatement de plantes tropicales qui ne font pas partie de la flore locale, notamment du *sisal,* auquel les millionnaires américains doivent leur fortune. Ce textile se complaît au Soudan aussi bien qu'au Mexique ou en Floride, ses pays d'origine : j'en ai vu à Koulikoro des plants magnifiques. Leur rendement (2 à 3 fr. par pied, annuellement) a incité les Européens à en tenter des plantations. A mon passage cent mille plants avaient été commandés à la direction du Jardin d'Essais. Celle-ci préconise encore la culture de tabacs exotiques de bonne qualité : de bons cigares, que l'on me fit fumer, me laissent croire que notre Régie des Tabacs pourra un jour venir s'approvisionner au Niger.

Outre son école d'agriculture, Koulikoro abrite une autre institution intéressante, mais d'intérêt purement local et indigène, un haras où l'on croise étalons et juments de race soudanaise, mais sélectionnés. Le sang européen est proscrit. On s'abstient de tomber dans l'erreur commise par l'Algérie qui a gâché, à la suite de croisements avec le pur-sang, l'admirable cheval barbe si résistant et si adapté au climat de l'Afrique du Nord et à ses exigences.

Toutefois le haras ne me semble pas très heureusement placé à Koulikoro. Le tripanosome y a été constaté, et par ailleurs l'indigène de la région est surtout attentif à l'agriculture. Le Mossi et le Massina, les grands pays d'élevage du Soudan, hospitaliseraient plus judicieusement un haras modèle et une station d'étalons sélectionnés.

Il faut se garder d'introduire aux colonies notre manie de centralisation à outrance. L'œuvre de francisation a tout à gagner à une dispersion de nos diverses institutions suivant les régions auxquelles elles s'adressent, car l'indigène appréciera mieux la sollicitude dont il est l'objet et nos centres d'action seront plus nombreux.

La gare de Bammakou.

## XXI

Au Soudan nouveau possédant chemin de fer et navigation à vapeur, il fallait une capitale nouvelle. Sans parler de son climat malsain, Kayes, située sur les bords du Sénégal, occupait une position excentrique dans la colonie, de qui les territoires couvrent la vallée du Niger. Sa capitale devait, nécessairement, être sise sur les rives de ce dernier fleuve. Bammakou fut choisi. Trois heures après avoir quitté Koulikoro, le train nous y dépose.

Fort curieusement, Bammakou présente aujourd'hui la topographie classique des cités de l'Hellade. Au milieu d'une belle plaine, sur la rive gauche du Niger, s'étend la ville proprement dite ; la domine un plateau rocheux, abrupt et assez élevé, du nom de Koulouba, où se dresse une ville haute formée de constructions gouvernementales uniquement : selon la pensée antique, sur cette acropole est l'âme de la colonie.

Au bord du rocher se silhouette, en place d'un Parthénon, le palais du gouverneur à la masse imposante, face au Niger. Il plane en protecteur au-dessus du maître fleuve de l'Afrique occidentale. Je fus là-haut un matin de janvier. A nos pieds le Niger apparaissait, perçant les brumes du sud, en une onduleuse coulée d'argent, et semblait d'un reptile mythologique rampant vers l'Acropole.

J'aime l'idéographie de cette capitale. Penchée sur le fleuve du Soudan, dominant de haut sa vallée, au loin forçant le regard, en elle se voit aussitôt la tête du pays. Et la suggestion est particulièrement opportune chez des primitifs. L'indigène qui sera venu vers Bammakou une seule fois dans sa vie, même n'eût-il pas gravi l'acropole de Koulouba, gardera pour toujours la prestigieuse vision de ce roc où la France préside aux destinées de son pays.

C'est encore le général de Trentinian que l'on trouve à l'origine de cette idée heureuse. Dès 1898, il désigna le site de Koulouba pour recevoir la capitale future. M. Roume approuva grandement ce choix, et M. Ponty s'appliqua à faire surgir une cité administrative pourvue de tous les progrès modernes. Si les architectes et les ingénieurs de la ville haute

Kouloùba : le palais du Gouvernement.

furent des Européens, il importe de souligner que les noirs seuls fournirent la main-d'œuvre, c'est-à-dire surent s'adapter aux métiers et aux ouvrages les plus divers. L'entreprise coûta trois millions. Jamais argent ne fut mieux employé. On a fait grand; on a fait du définitif aussi. Nous avons travaillé là à la façon des Romains.

Koulouba était un rocher sans eau, pauvre en terre, de végétation minable par conséquent. On y trouve aujourd'hui un lavoir public et des habitations avec eau à tous les étages, distribuée par un château d'eau que des machines élévatoires alimentent au Niger. Grâce aux terres rapportées, des jardins entourent les demeures, des allées se dessinent. Le tout-à-l'égout avec fosses aseptiques fonctionne, un réseau téléphonique est amorcé, et, les rapides voisins de Sotouba offrant de la « houille blanche » à souhait, on projette l'éclairage électrique et un funiculaire.

Le palais du gouverneur avec ses escaliers vastes, ses vérandas spacieuses et ses appartements aux revêtements de faïence, selon l'usage des anciens Maures, disposé en vue de la ventilation et de la fraîcheur, d'architecture à la fois impressionnante et appropriée, peut servir de modèle en tant que palais colonial. Celui qui le conçut savait évidemment de quoi il retourne en pays tropical.

En arrière de cette construction monumentale et à proximité sont situés les principaux services publics de la colonie : Secrétariat général, Intérieur, Trésorerie, Postes et télégraphes, Imprimerie officielle, etc... Plus loin, s'élèvent de confortables cottages, habitations des fonctionnaires européens, tandis que le personnel indigène, scribes, gardes-cercle, plantons, jardiniers, etc., est installé dans un vallon voisin. Il faut mentionner encore qu'à peu de distance de Koulouba, au camp de Kati, stationnent un certain nombre de compagnies de tirailleurs soudanais. Ainsi la nouvelle capitale groupe et met à portée de main du gouverneur tous les organes de l'administration.

Prestigieuse, pittoresque, pratique, elle offre un dernier avantage — toujours à considérer lorsqu'il s'agit d'Européens transplantés sous les tropiques — la salubrité. A 180 mètres au-dessus de la plaine de Bammakou, le plateau de Koulouba est admirablement éventé, et la température ne cesse d'y être moindre, de plusieurs degrés, que dans la ville basse. Pour ces raisons, un sanatorium a été installé sur un plateau voisin.

Quant à la ville basse, elle offre l'aspect d'une aimable cité coloniale, aux avenues larges et ombragées, toutes pleines de mouvement et d'une vie bariolée. Le Bammakou européen que je trouvai en 1894 comptait cinq ou six militaires : deux officiers, un médecin et des gradés subalternes ; aucun civil, commerçant ou autre. L'inverse se présente aujourd'hui. Pas un

Une rue de Bammakou.

militaire, mais une colonie civile assez dense comprenant femmes et enfants. Quelques gardes-cercle, indigènes qui font l'office de sergents de ville, représentent toute la force publique. On ne se doute guère être en terre conquise.

Naturellement j'ai cherché le décor d'autrefois, un fortin aux murs revêches, tout en créneaux et en meurtrières, caractéristique de la situation de l'époque, dans lequel l'hospitalité me fut offerte. Il a été rasé. N'en subsiste qu'une allée, laquelle s'amorçait à l'entrée de la petite forteresse, et porte le nom joyeux de « Route de France ». Nous sommes tous arrivés au Niger par là... Mais combien n'ont pas pris cette route une seconde fois, pour le retour!

En compagnie de cette pensée mélancolique j'avais gagné la résidence de l'administrateur de Bammakou, lorsque dans les bureaux du rez-de-chaussée j'avisai un cadre accroché en bonne place. Singulière coïncidence et décoration murale plus singulière encore, c'était le plan du cimetière européen de la ville. Des rectangles numérotés s'alignaient, portant un nom et une date. Et voici qui me retint. Sur les soixante-quatre cases ainsi remplies, *soixante* dataient des seize années qui s'étendent de 1883 à 1899, années de la conquête, temps du manque de confort, du surmenage et des combats. Or, à partir de 1899, c'est-à-dire quand les Européens affluent à Bammakou, mais aussi quand l'arrivée du rail au Niger permet une vie rationnelle, *quatre* cases seulement se remplissent. A approfondir ces quatre décès, il apparaît que trois s'appliquent, respectivement, à un tuberculeux, à un alcoolique aigu, et à un suicidé. Reste donc (pour environ dix années) un seul cas imputable, si l'on veut, au climat. Voilà une preuve par la méthode expérimentale, une preuve décisive, que ce climat n'est pas de principe contraire à l'Européen, si celui-ci mène une vie normale.

De fait, l'existence à Bammakou n'a présentement rien de commun avec la vie de la brousse. D'importantes constructions marquent les installations européennes et témoignent du juste souci de confort. Toutes les grandes maisons de commerce de l'Afrique

Bammakou : la Résidence.

occidentale ont ici un établissement principal. De longue date elles savent que, par des facilités de vie, s'obtient un entrain plus grand du personnel, aboutissant à une plus grande prospérité commerciale.

Les célibataires ont fondé un cercle où l'on trouve journaux, revues, livres, rafraîchissements et d'aimables compagnons. Par ailleurs, le jardin de l'hôtel-restaurant de la gare est pour tous un agréable rendez-vous, où, le soir, les robes claires s'entremêlent de smokings. Enfin la vie courante reçoit l'appoint si appréciable de la diversion, grâce aux passants assez nombreux, car Bammakou est sise au carrefour des routes du Soudan.

L'exploitation des gisements aurifères du Sud attire

des prospecteurs et autres spécialistes venus des quatre coins de l'univers, parmi lesquels les Américains, les Anglais et les Australiens ne manquent pas. Des touristes, jeunes Français émancipés des agences de voyage, commencent à prendre la route du Niger. Le monde de la basoche surtout envoie d'intéressants contingents, fils de notaires, futurs avoués, qui viennent jouir des lointains horizons sur la terre d'Afrique avant de se confiner entre les cartons d'un cabinet. D'aucuns, tout en flânant, s'inquiètent des entreprises qui pourraient être créées en ces pays neufs. D'autres, disciples de Nemrod, viennent tâter de la grande chasse, car en même temps que lièvres, outardes, pintades et autres gibiers inoffensifs, le Soudan offre des coups de fusil de choix, éléphants, lions, hippopotames, panthères, etc.

Pour peu qu'il soit de mœurs sociables, chacun trouve accueil cordial et concours auprès des colons comme des fonctionnaires. Le Soudan se pique d'être, entre toutes, une colonie ouverte et accueillante. De bonne heure s'implantèrent officiellement de larges traditions d'hospitalité. M. Ponty comme le général de Trentinian se sont efforcés d'attirer et de favoriser les curiosités les plus diverses : quelle publicité meilleure pour ce pays que trop peu estimaient à sa valeur? Ainsi des artistes de renom tel, Aimé Morot, des hommes de lettres, des scientifiques, géologues, botanistes, ethnologues (quelques Tartarins

Bammakou : vue générale de la ville basse.

aussi) ont parcouru et parcourent encore le Soudan en mission de la colonie.

Il ne manque pas non plus de visiteurs étrangers parmi lesquels il faut mettre hors pair certaine mission ethnographique allemande, à la tête de laquelle se trouvait M. Léo Frobenius. En Allemagne, on avait paru attacher à cette mission une toute spéciale importance. Le *Lokal-Anzeiger,* journal berlinois particulièrement officieux, en commentait la signification en ces termes : « Des hommes politiques influents s'efforçant d'amener un rapprochement colonial franco-allemand, nous pouvons considérer l'entreprise de M. Frobenius comme un nouvel anneau dans la chaîne de ces événements. Il est le premier explorateur allemand qui visitera en cette qualité l'empire colonial africain de la France, et son expédition a le devoir aussi délicat que précieux d'entrer en rapports amicaux avec les autorités françaises dans ces régions. Les voyageurs allemands sauront s'acquitter de cette tâche avec tact et esprit de camaraderie, et nul doute que le caractère chevaleresque des Français ne la leur facilite. »

Avant de dire comment fut rempli ce programme, quelques mots sur la personnalité du chef de la mission. Pour ses débuts africanistes, M. L. Frobenius avait publié en 1898 de copieuses compilations sous le titre : *Origines des civilisations africaines.* Ensuite seulement, il s'avisa d'aller étudier sur place le sujet par lui traité, visita en 1904 le Congo belge et, vers la fin de l'an 1907, arrivait à Bammakou flanqué de deux collaborateurs, un photographe et un ingénieur.

L'ingénieur de cette mission ethnographique piqua grandement les curiosités. Non pas, certes, parce quelqu'un observa que les officiers allemands en mission à l'étranger avaient coutume de prendre ce titre anodin. Mais il n'existe ni usines, ni industrie au Soudan, pays d'élevage et d'agriculture. Alors quelle pouvait bien être la besogne de l'ingénieur de la mission? Et chacun de dire : en vérité, un collaborateur ethnographique eût bien mieux fait l'affaire. Vous objecterez que ceci ne regardait personne. Erreur. Toute l'administration se trouvait directement intéressée, car, dès son arrivée, M. Frobenius, déclarant ne pouvoir suffire à la besogne, avait réclamé pour des tâches ethnographiques la collaboration de tous les fonctionnaires de la colonie!

Oui, un beau jour, ceux-ci avaient reçu une brochure, imprimée, de vingt pages, ayant pour titre : *Questionnaire de la Mission scientifique allemande.* M. Léo Frobenius y demandait tout simplement de répondre à soixante-dix-neuf questions (avec sous-questions abondantes), rédiger un vocabulaire, remplir des tableaux de tatouages et autres signes, transcrire des fables et des mythes indigènes, enfin accompagner le tout de photographies et de croquis. Pour comble, cet ensemble d'exigences visait non la seule peuplade au milieu de laquelle vivait le fonctionnaire sollicité, mais celui-ci était prié de se livrer au même travail sur encore deux autres peuplades de son voisinage. Un mois d'un labeur ininterrompu, — pour le moins, — voilà ce que M. L. Frobenius demandait à chacun, et pour... le roi de Prusse.

Les indigènes également connurent l'indiscrétion de la mission. A Bammakou elle s'installa en des cases qui lui avaient été louées par l'instituteur adjoint, un noir. Quand M. Léo Frobenius, après un séjour prolongé, quitta Bammakou, il oublia de solder la location. En revanche, il eut la gracieuse attention d'offrir au propriétaire son livre sur l'Afrique. Bien que le volume soit en allemand (qu'il ne comprend pas), le noir y attache un grand prix et se plaît à l'exhiber. Sur la page de garde des *Origines des civilisations africaines* l'instituteur a écrit :

*Donné par un civilisé germanique,*
*M. Frobenius,*
*en paiement de huit mois de loyer.*

Des échos moins amusants sont parvenus sur le séjour de la mission dans la Boucle du Niger. Fréquemment les indigènes eurent à se plaindre des brutalités que les Allemands leur firent subir au passage, et de leur négligence à régler les achats et les services des gens qu'ils employaient. C'est ainsi qu'à Kouri, dans le Mossi, l'administrateur se vit obligé de retenir M. Léo Frobenius et ses collaborateurs, jusqu'à ce qu'ils eussent réglé leurs porteurs.

Les indigènes du Niger ne connaissaient encore que les Anglais et les Français. Ils sont fixés maintenant sur les Allemands, et cela n'est peut-être pas une si mauvaise chose... Tout de même, les révoltes incessantes qui se produisent dans les colonies allemandes s'expliquent aisément, si de semblables mœurs y sont l'ordinaire.

Pour en revenir aux hôtes étrangers de Bammakou et du Soudan, et pour recueillir une note différente, il n'est que de parler des Anglais. En plusieurs points nos provinces du Niger sont limitrophes de leurs possessions. Les autorités des colonies britanniques entretiennent avec les nôtres les meilleurs rapports, et maints services s'échangent. J'ai dit ailleurs l'appui et le concours que les commerçants soudanais trouvaient en terre anglaise. Rien d'étonnant dès lors que, parmi les hôtes étrangers, nos voisins anglais soient les plus assidus, les plus nombreux, les plus aimés aussi.

J'ai rencontré pour ma part le fils du général Roberts, chasseur célèbre pour la collection d'antilopes qu'il a rassemblée dans le monde entier et qu'il venait compléter au Niger. On sait déjà que l'explorateur anglais H. Savage-Landor y vint également. Un jour, à Gaô, on l'entendit appeler son domestique noir et lui dire : « Viens prendre ton ipéca ». Le médecin du poste, qui était présent, s'informa naturellement de son cas. « Oh ! répliqua tranquillement Savage-Landor, le cas est bien simple. Pour punir un indigène je ne le brutalise jamais. A-t-il commis des fautes répétées, je lui administre un vomitif. »

Des commerçants, des fonctionnaires et des officiers de la Gold-Coast, de la Nigeria et de Sierra-Leone, rentrant en Europe pour leur congé, aiment à prendre le chemin des écoliers, et font un crochet jusqu'au Niger, voire à Tombouctou. En effet, notre œuvre au Soudan a grande réputation dans les colonies anglaises voisines : toutes les difficultés qu'il nous a fallu surmonter, tous les problèmes à résoudre, y sont connus mieux qu'ailleurs. Les uns et les autres veulent juger par eux-mêmes, qui de l'outillage moderne de la colonie française, qui de ses progrès si rapides, qui de sa facilité d'administration. Par-dessus tout officiers, fonctionnaires et commerçants sont émerveillés par la parfaite sécurité avec laquelle les Français et eux-mêmes circulent et agissent au Soudan, et quelles minimes forces militaires nous suffisent pour assurer cette sécurité.

Parmi nos hôtes anglais, le commandant Croomie, consul général d'Angleterre à Dakar, fut un de ceux qui parcoururent et étudièrent nos provinces du

Niger avec le plus de soin. Ici et là j'ai trouvé son souvenir très vivace, pour ce qu'il se montra un joyeux convive, un compagnon charmant, et aussi parce que, très curieusement, il nous vengea de certain mot bien connu.

Il avait une optique particulière pour juger des différentes régions du Soudan qu'il parcourait. Voulait-il exprimer qu'un pays lui paraissait fertile, plaisant, d'un bel avenir, invariablement il prononçait avec le petit accent que l'on sait : « C'est très bien. — Ce devrait être anglais ! » Plusieurs fois ce jugement lui vint, car plusieurs des fonctionnaires qui, successivement, l'accompagnèrent, m'ont répété le propos. Pourtant un jour, au Mossi, il fut moins laconique et éclata : « Si l'Angleterre avait su ce qu'était le Mossi, je crois bien que vous ne le posséderiez pas. Pour l'obtenir, nous vous aurions fait n'importe quelle concession. »

Tout n'est donc pas sables, où gratte le Coq gaulois...

## XXII

Me voici parvenu au terme de mon voyage.

Chemin faisant j'ai dit, sans aucune complaisance, le bien qu'il y avait à dire et j'ai noté de même les restrictions que la vérité imposait. Ai-je su montrer l'aurore d'une belle colonie française?

Telle est en effet la joyeuse vision que je rapporte du Niger quinze ans après mon premier voyage. Les guerres locales supprimées, l'esclavage aboli, partout règne cette *Sécurité Française* dont s'émerveillent les étrangers et qui, tout de même, est quelque chose de plus que la fameuse Paix Romaine, car elle implique, pour les peuples qui en jouissent, la joie de vivre. Et avant toute autre, c'est là l'impression qui m'est venue à me retrouver parmi les indigènes du Soudan.

Il en a coûté à la France un quart de siècle d'efforts, près d'un milliard, et la vie de maint de ses enfants, pour jouer ce rôle de petit manteau-bleu. Mais déjà il est manifeste qu'elle ne l'aura pas joué en vain.

Le Soudan a hautement démenti ces pessimistes, adversaires de notre expansion coloniale, qui avaient représenté jadis que nos possessions, loin de contribuer à la grandeur de la nation, ne lui réservaient que diminution. Les frais de conquête et d'administration devaient l'appauvrir; les troupes d'occupation, qui manqueraient à la Métropole, devaient l'affaiblir.

Rien de semblable ne s'est produit au Niger. Par leurs impôts, les Soudanais acquittent aujourd'hui leurs frais d'occupation. D'autre part, notre commerce récupère petit à petit les frais de la conquête; les statistiques sont là pour le dire : d'année en année croissent les chiffres des échanges. Voilà pour l'appauvrissement. Passons à l'affaiblissement. Il n'y a pas même une compagnie de soldats de France au Soudan. Toutes les troupes d'occupation sont indigènes; les cadres seuls sont français, et encore en partie seulement.

Vienne une guerre européenne, et la colonie saura se défendre elle-même, si tant est qu'une nation européenne commette la sottise d'y envoyer un corps de débarquement. Un merveilleux réseau télégraphique sillonne le pays. Aux troupes permanentes s'ajouteraient bientôt d'innombrables réservistes, dès maintenant accoutumés aux appels. La valeur guerrière du Soudanais n'est plus à démontrer, et sous le climat natal il saura déployer une endurance que ne saurait égaler aucune troupe au monde. Dès lors, en quoi la colonie est-elle une charge pour la Métropole?

Or, voici que le Soudan apparaît, au contraire, comme une force nouvelle pour la France. Déjà nous avions appelé ses bataillons à Madagascar et au Maroc. Ils sont en Algérie aujourd'hui. Ils seront en France demain... au jour où nous règlerons nos vieux comptes.

En vérité, les pays du Niger constituent pour nous la meilleure des colonies, celle qui le mieux correspond aux particularités de notre nation. Nous ne saurions que faire d'une colonie de peuplement : la mise en valeur du Soudan ne demande pas d'émigrants. Il lui faut des individualités et des capitaux : c'est précisément de quoi nous pouvons disposer. Avec ses syndicats, ses coopératives, ses grands magasins, ses trusts, la vie moderne semble s'organiser pour écraser les individualités. N'est-il pas heureux qu'un exutoire s'offre à elles?

On voit assez que le véritable colon de nos colonies doit être l'indigène et que, pour nous, « coloniser » signifie éduquer l'indigène. Pouvons-nous souhaiter populations plus intéressantes que celles du Niger? Nous ne nous trouvons pas en présence de peuples marqués profondément par une civilisation différente de la nôtre, ainsi qu'en Extrême-Orient par exemple. La matière humaine est neuve. Et elle se montre non seulement apte à recevoir notre empreinte, mais encore désireuse de l'acquérir.

En même temps que brave, le Soudanais est docile, laborieux et doux : le crime est presque inconnu chez lui. Il mérite donc au plus haut point qu'on s'applique à son éducation. Déjà nous avons fait beaucoup. Les résultats que j'ai montrés nous encouragent à faire davantage. De l'avis des étrangers eux-mêmes, nous avons réussi au Pays des Noirs comme aucune autre puissance coloniale. Pourquoi? Notre mentalité répugne à l'exploitation brutale de ces primitifs, qui est le programme colonial de certaines nations. Ni le préjugé de couleur, ni la morgue ne sont notre fait. Il ne nous en coûte pas de nous mettre à la portée des noirs, de nous rapprocher d'eux. D'autres s'efforcent de rester distants, visant à acquérir des sujets; nous nous appliquons à former des Français noirs.

Dans cette tâche le corps des administrateurs du Soudan est incomparable, et tout simplement admirable. Ces pages seraient incomplètes si elles ne parlaient d'eux. « Tu es mon père! Tu es ma mère! » telles sont les civilités que tout d'abord l'indigène adressait à ses chefs autrefois, et avec lesquelles il aborde nos administrateurs aujourd'hui. Rien mieux n'exprime tout ce que nos fonctionnaires sont pour les noirs, car de cette formule de politesse ils ont fait une réalité. Ils se montrent de véritables missionnaires laïques agissant et prêchant la bonne parole au nom de la France. Selon une légende stupide, nous n'aurions des colonies que pour y caser des fonctionnaires. J'oserai dire pourtant qu'au Soudan leur nombre est insuffisant, par rapport à l'étendue de leur tâche et à la manière dont ils s'en acquittent.

Et maintenant, toutes dettes étant réglées envers les vivants, selon le rite antique, faisons pieusement nos libations aux morts :

*O mes compagnons, fils du peuple ou enfants de sang bleu, qui êtes venus en Afrique Occidentale pour sa conquête militaire, ou scientifique, ou économique,*

*Et qui dormez à jamais sous les tropiques africains, chaque jour plus ignorés dans l'oubli plus profond,*

*A vous*
*Je dédie ce livre.*

*Il dit que s'est accompli le rêve de la patrie plus grande pour laquelle vous avez donné votre vie.*

*Reposez donc en paix, reposez joyeux!*

*Sur mon chemin je n'ai point oublié de vous porter mon salut, de lire vos noms, dans les cimetières;*

*Et de ces pèlerinages jamais tristesse ne me vint,*

*Car vos tombes clament la belle vitalité de notre nation!*

*Au lendemain de désastres rares, en des années mêmes où d'aucuns songeaient à faire disparaître la France de l'ancien monde, vous l'avez agrandie d'un monde nouveau.*

FIN

# TABLE DES CHAPITRES

TYP. FIRMIN-DIDOT. — MESNIL.

www.ingramcontent.com/pod-product-compliance
Ingram Content Group UK Ltd.
Pitfield, Milton Keynes, MK11 3LW, UK
UKHW020108200726
13856UKWH00002B/445

9 782013 423762